오늘도 평안

매일 기도 365

Daily prayer

KB205277

조정민 지음

두란노

매일 기도하는

숨결이 되기를 원하며

_____님께 드립니다.

Daily prayer

오늘도 평안

매일 기도 365

지은이 조정민
초판 발행 2021. 10. 11
8쇄 발행 2024. 12. 30

등록번호 제1988-000080호
등록된 곳 서울특별시 용산구 서빙고로 65길 38
발행처 사단법인 두란노서원
영업부 2078-3333 FAX 080-749-3705 출판부 2078-3331
ISBN 978-89-531-4065-3 02230 값 12,000원

• 독자의 의견을 기다립니다. tpress@duranno.com / www.duranno.com
• 본문에 사용된 성경은 개역개정임을 밝힙니다.

두란노서원은 바울 사도가 3차 전도여행 때 에베소에서 성령 받은 제자들을 따로 세워 하나님의 말씀으로 양육하던 장소입니다. 사도행전 19장 8-20절의 정신에 따라 첫째 목회자를 돕는 사역과 평신도를 훈련시키는 사역, 둘째 세계선교(TIM)와 문서선교(단행본·잡지) 사역, 셋째 예수문화 및 경배와 찬양 사역, 그리고 가정·상담 사역 등을 감당하고 있습니다. 1980년 12월 22일에 창립된 두란노서원은 주님 오실 때까지 이 사역들을 계속할 것입니다.

지은이 조정민

저자는 25년 동안 언론인으로 열정을 불사르던 사람이다. 생명의
길인 예수님을 만난 후 사랑의 공동체에 대한 꿈을 품고 목사의
길로 들어섰다. 그는 많은 종교적 방황을 통해서 예수님이 진리임
을 확신하게 되었고, 이 시대가 받아들이고 이해할 수 있는 언어
로 복음의 메시지를 전한다.

MBC 사회부·정치부 기자, 워싱턴 특파원, 〈뉴스데스크〉 앵커, 보
도국 부국장, iMBC 대표이사, 온누리교회 목사, CGNTV 대표를
역임했으며, 현재는 베이직교회 목사로 섬기고 있다.

저서로 《Why Jesus 왜 예수인가?》, 《왜 일하는가?》, 《사람이 선물
이다》, 《고난이 선물이다》, 《예수는 누구인가?》, 《매일 기도》 등이
있다.

막막한 미래 앞에서도
두려워하지 않게 하옵소서.
마치 젖뗀 아이처럼
평온하기를 소망합니다.

너는 너의 고향과 친척과 아버지의 집을 떠나
내가 네게 보여 줄 땅으로 가라 내가 너로 큰 민
족을 이루고 네게 복을 주어 네 이름을 창대하
게 하리니 너는 복이 될지라 _창 12:1하-2

기도의 절정은
자기 뜻을 꺾는 것입니다.

오늘도 예수 그리스도로
옷 입기를 원합니다.

/ 악한 세상에서 한 발 빼는 것,
구원이 곧 출세(出世)임을
깨닫게 하옵소서.
매 순간 코람 데오가 되기 원합니다.

내가 여호와를 항상 내 앞에 모심이여 그가 나
의 오른쪽에 계시므로 내가 흔들리지 아니하리
로다 _시 16:8

평안을 너희에게 끼치노니

곧 나의 평안을 너희에게 주노라

내가 너희에게 주는 것은

세상이 주는 것과 같지 아니하니라

너희는 마음에 근심하지도 말고

두려워하지도 말라

/ 요 14:27

내 안에 믿음이라는 동력을
부어 주시고
구원 역사에 쓰임받는
주님의 제자로 빚어 주옵소서.

우리가 주는 하나님의 거룩하신 자이신 줄 믿고
알았사옵나이다 _요 6:69

1

January

/ 신앙의 멘토가 필요합니다.
선한 목자이신 예수님처럼
제가 오직 주님만 따르도록 돕는
영혼의 벗을 만나게 해주옵소서.

나는 선한 목자라 나는 내 양을 알고 양도 나를
아는 것이 아버지께서 나를 아시고 내가 아버지
를 아는 것 같으니 나는 양을 위하여 목숨을 버
리노라 _요 10:14-15

1

무서운 속도로 변해 가는 세상에서
삶의 속도를 높이느라
가속 페달을 밟지 않게 하옵소서.
겸허히 주님의 지혜를 구합니다.

My Prayer

오직 내 말을 듣는 자는 평안히 살며 재앙의 두려움이 없이 안
전하리라 _잠 1:33

/ 권리를 주장할 수 있지만
권리를 주장하지 않고
손해 보기를 자청하는
진정한 어른스러움을 소망합니다.

그러므로 하늘에 계신 너희 아버지의 온전하심
과 같이 너희도 온전하라 _마 5:48

2

돈을 벌고 공부를 하고
새로 도전하는 모든 것이
하나님 나라와 이웃을 위한
이타적인 일이 되게 하옵소서.

My Prayer

선을 행하고 선한 사업을 많이 하고 나누어 주기를 좋아하며 너그러
운 자가 되게 하라 _딤전 6:18

갈등이 생겼을 때
먼저 화해하기를 힘쓰게 하옵소서.
있는 그대로 용납하고 사랑함으로
하나님의 영광을 보기 원합니다.

모든 겸손과 온유로 하고 오래 참음으로 사랑
가운데서 서로 용납하고 _엡 4:2

3

세상 사람들이 사다리 타기에
땀과 힘을 쏟을 때
사다리를 다시 내려갈 수 있는
믿음의 사람이 되게 하옵소서.

My Prayer

그러므로 내 사랑하는 형제들아 견실하며 흔들리지 말고 항상 주의
일에 더욱 힘쓰는 자들이 되라 이는 너희 수고가 주 안에서 헛되지 않
은 줄 앎이라 _고전 15:58

/ 배우기만 하는
초보 그리스도인에서 벗어나
이미 배운 대로 사는
예수님의 제자가 되게 하옵소서.

때가 오래되었으므로 너희가 마땅히 선생이 되
었을 터인데 너희가 다시 하나님의 말씀의 초보
에 대하여 누구에게서 가르침을 받아야 할 처지
이니_히 5:12상

4

염려와 걱정을 부추기는
세상의 소식을 절제하고
말씀을 가까이하게 하옵소서.
그럼으로써 평안과 안식을
누리게 될 줄 믿습니다.

My Prayer

그러므로 내일 일을 위하여 염려하지 말라 내일 일은 내일이 염려할
것이요 한 날의 괴로움은 그날로 족하니라 _마 6:34

/ 하나님을 모른 채
열심 내지 않기를 원합니다.
나의 열심을 살피고 성찰하여
열매 맺게 하옵소서.

우리가 다 하나님의 아들을 믿는 것과 아는 일
에 하나가 되어 온전한 사람을 이루어 그리스도
의 장성한 분량이 충만한 데까지 이르리니

_엡 4:13

5

저는 늘 게으르거나 조급합니다.
나의 시간표에 묶이지 않고
빠르지도 느리지도 않은
주님의 시간표를 따르게 하옵소서.

My Prayer

여호와께서 집을 세우지 아니하시면 세우는 자의 수고가 헛되며 여
호와께서 성을 지키지 아니하시면 파수꾼의 깨어 있음이 헛되도다
_시 127:1

출구가 없는 어둠 속에 있는 나를
빛 가운데로 초청하시는 주님,
주님의 손으로 빚어져
순종으로 따르게 하옵소서.

그 후에 예수께서 나가사 레위라 하는 세리가
세관에 앉아 있는 것을 보시고 나를 따르라 하
시니 _눅 5:27

6

손해를 보더라도
편법이 아닌 정도를 걷고
남이 하기 싫어하고
가기 싫어하는 곳에
솔선하여 행하고 나가기 원합니다.

My Prayer

좁은 문으로 들어가라 멸망으로 인도하는 문은 크고 그 길이 넓어 그
리로 들어가는 자가 많고 _마 7:13

예수님의 십자가 사랑으로
하나님의 영원한 '예스'가
되게 해주셔서 감사합니다.
예수님께 올인할 수 있게 하옵소서.

라오디게아 교회의 사자에게 편지하라 아멘이
시요 충성되고 참된 증인이시요 하나님의 창조
의 근본이신 이가 이르시되 _계 3:14

7

주님의 방식은
효율보다 사랑이 우선이고
대접받기보다 섬김이 먼저입니다.
오직 하나님의 방법으로
세상을 이기게 하옵소서.

My Prayer

사랑하는 자들아 하나님이 이같이 우리를 사랑하셨은즉 우리도 서로
사랑하는 것이 마땅하도다 _요일 4:11

/ 생명의 떡이신 예수님을
먹고 마심으로
더 이상 허기진 인생이
되지 않기를 기도합니다.

예수께서 이르시되 나는 생명의 떡이니 내게 오
는 자는 결코 주리지 아니할 터이요 나를 믿는
자는 영원히 목마르지 아니하리라 _요 6:35

8

참으로 인생이 복잡합니다.
삶의 여러 문제를 정확히 분별하고
해결하기 원합니다.
성령님의 음성에 귀를 기울이고
순종하는 겸손함을 주옵소서.

My Prayer

단단한 음식은 장성한 자의 것이니 그들은 지각을 사용함으로 연단
을 받아 선악을 분별하는 자들이니라 _히 5:14

주님은 내가 집착하는 것보다
훨씬 더 좋은 것을 예비하십니다.
최선의, 최상의, 최고의 예수님을
믿고 기대하기 원합니다.

이스라엘아 여호와를 바랄지어다 여호와께서는
인자하심과 풍성한 속량이 있음이라 _ 시 130:7

9

가지인 내가
나무인 주님께 붙어 있어
선한 결과가 있게 하옵소서.
주님의 소원인 열매 맺는 것이
곧 나의 소원이 되기 원합니다.

My Prayer

너희가 내 안에 거하고 내 말이 너희 안에 거하면 무엇이든지 원하는
대로 구하라 그리하면 이루리라 _요 15:7

/ 머리로만 알던 십자가를
하나님의 지혜로 받아들이고
십자가의 예수 그리스도가
하나님의 능력임을 알게 하옵소서.

십자가의 도가 멸망하는 자들에게는 미련한 것
이요 구원을 얻는 우리에게는 하나님의 능력이
라_고전 1:18

10

좁은 시야로 세상을 판단하고
사람들을 비난하는 것을
멈추기 원합니다.
무지와 편견의 얽매임에서
저를 풀어 주옵소서.

My Prayer

외모로 판단하지 말고 공의롭게 판단하라 하시니라 _요 7:24

/ 예수님을 믿고 영생을 얻었고
마지막 날에 다시 살 것입니다.
주님의 무한한 사랑을 깨달아
믿음으로 주께 나아가기 원합니다.

내 아버지의 뜻은 아들을 보고 믿는 자마다 영
생을 얻는 이것이니 마지막 날에 내가 이를 다
시 살리리라 하시니라 _요 6:40

11

예수님 당신만이 길입니다.
화려한 길에 미혹되지 않게 하시고
'길 같아 보이는 길'에 속지 않도록
나의 발걸음을 지켜 주옵소서.

My Prayer

예수께서 이르시되 내가 곧 길이요 진리요 생명이니 나로 말미암지
않고는 아버지께로 올 자가 없느니라 _요 14:6

예수님의 사람 되심은
하나님 되심의 포기였습니다.
예수님을 따르는 제자로서
기쁘게 권리를 포기하게 하옵소서.

무릇 내게 오는 자가 자기 부모와 처자와 형제
와 자매와 더욱이 자기 목숨까지 미워하지 아니
하면 능히 내 제자가 되지 못하고 _눅 14:26

12

오늘도 하나님의 뜻을 따라
'거룩'을 위해 살게 하옵소서.
삶의 모범을 보이신 예수님처럼
말씀을 지켜 행하며
안전하게 거하기 원합니다.

My Prayer

너희는 내 규례를 행하며 내 법도를 지켜 행하라 그리하면 너희가 그
땅에 안전하게 거주할 것이라 _ 레 25:18

모든 어려움을 넘어설 수 있는
하나님의 비전을 주옵소서.
한번 들어선 이 길에서
인내의 열매를 거두게 하옵소서.

진실로 악을 행하는 자들은 끊어질 것이나 여호
와를 소망하는 자들은 땅을 차지하리로다

_시 37:9

13

종일 내 생각만 하는 것을
멈추게 하시고
하나님의 뜻을 알고
그 안에 머무르며
온전히 순종하게 하옵소서.

My Prayer

너희는 이제 가만히 서서 여호와께서 너희 목전에서 행하시는 이 큰
일을 보라_삼상 12:16

제가 선택한 이 진로가
주님의 비전이 되기를 기도합니다.
끝까지 비전을 붙잡기로 결단할 때
고난의 크기를 넘어서게 하옵소서.

이기는 자와 끝까지 내 일을 지키는 그에게 만
국을 다스리는 권세를 주리니 _계 2:26

14

세상이 요구하는 기준과 생각에
내 삶이 지배되지 않기를 바랍니다.
매일매일 빛 가운데로 걸어가며
내 속의 정욕과 싸우게 하옵소서.

My Prayer

사랑하는 자들아 거류민과 나그네 같은 너희를 권하노니 영혼을 거
슬러 싸우는 육체의 정욕을 제어하라 _벧전 2:11

내 생각과 달라도
순종으로 길을 나서게 하옵소서.
그 길이 쉽지 않아도
결국 평안하게 될 것을 신뢰합니다.

이는 하늘이 땅보다 높음같이 내 길은 너희의
길보다 높으며 내 생각은 너희의 생각보다 높음
이니라 _사 55:9

15

오늘도 치러야 할 전쟁에서
강하고 담대하기 원합니다.
내 계획은 십자가에 못 박고
다만 말씀을 지켜 행하게 하옵소서.

My Prayer

오직 강하고 극히 담대하여 나의 종 모세가 네게 명령한 그 율법을 다
지켜 행하고 우로나 좌로나 치우치지 말라 그리하면 어디로 가든지
형통하리니 _수 1:7

/ 과거에 매여 상처를 곱씹거나
내 앞길을 방해하는 사람 때문에
삶이 꺾이지 않기 원합니다.
용서하고 포용하게 하옵소서.

당신들은 나를 해하려 하였으나 하나님은 그것
을 선으로 바꾸사 오늘과 같이 많은 백성의 생
명을 구원하게 하시려 하셨나니 _창 50:20

16

무엇을 선택해야 할지
혼란스러운 시대지만
어떤 선택이든
하나님이 선하게 인도하실 것을
굳게 믿고 가게 하옵소서.

My Prayer

그런즉 너희가 먹든지 마시든지 무엇을 하든지 다 하나님의 영광을
위하여 하라 _고전 10:31

돈을 좇는 피곤한 삶이 아니라
한 걸음이나 반걸음 늦게 가더라도
그 분야에서 탁월한 사람이 되기를
힘쓰게 하옵소서.

네가 자기의 일에 능숙한 사람을 보았느냐 이러
한 사람은 왕 앞에 설 것이요 천한 자 앞에 서지
아니하리라 _잠 22:29

17

불안하고 염려되고 걱정이 많을 때
하나님께 접속되어 있는지
점검하게 하옵소서.
어떤 상황이든 평안하기 원합니다.

My Prayer

너는 하나님과 화목하고 평안하라 그리하면 복이 네게 임하리라

_욥 22:21

헐벗고 굶주린 사람들을
치유하고 일으키는 데
내 능력과 커리어를
아낌없이 사용하게 하옵소서.

내가 내게 있는 모든 것으로 구제하고 또 내 몸
을 불사르게 내줄지라도 사랑이 없으면 내게 아
무 유익이 없느니라 _고전 13:3

18

기도의 자리가
두려움에서 벗어나는 자리가 되고
말씀을 묵상하는 자리가
거룩을 향해 두 손을 드는 자리가
되게 하옵소서.

My Prayer

범사에 헤아려 좋은 것을 취하고 악은 어떤 모양이라도 버리라

_살전 5:21-22

하나님을 앞서지 않음으로
마침내 사람을 앞서게 되는
조용하고 놀라운 기적을
경험하게 하옵소서.

이르시기를 너희는 가만히 있어 내가 하나님 됨
을 알지어다 내가 뭇 나라 중에서 높임을 받으
리라 내가 세계 중에서 높임을 받으리라 하시도
다 _시 46:10

19

내 뜻대로 되지 않는 사건이
저를 살리는 사건이 될 줄 믿습니다.
가만히 묵상하며
세미한 주의 음성을 듣게 하옵소서.

My Prayer

나의 영혼이 잠잠히 하나님만 바람이여 나의 구원이 그에게서 나오
는도다 _시 62:1

/ 이 땅에서 치르는 시험이
아무리 어렵더라도
하나님이 이미 주신 답으로
잘 통과하게 하옵소서.

시험을 참는 자는 복이 있나니 이는 시련을 견
디어 낸 자가 주께서 자기를 사랑하는 자들에게
약속하신 생명의 면류관을 얻을 것이기 때문이
라 _약 1:12

20

하나님 아버지가
해결사가 되어 주옵소서.
혼자 걱정하고 두려워하는 대신
아버지께 기도로 의논하며
아버지와 함께 결정하게 하옵소서.

My Prayer

너는 내게 부르짖으라 내가 네게 응답하겠고 네가 알지 못하는 크고
은밀한 일을 네게 보이리라 _렘 33:3

파도가 없는 바다가 없듯이
고난 없는 인생이 없습니다.
두려워하지 않고
잘 견디게 하옵소서.

자녀이면 또한 상속자 곧 하나님의 상속자요 그
리스도와 함께 한 상속자니 우리가 그와 함께
영광을 받기 위하여 고난도 함께 받아야 할 것
이니라 _롬 8:17

21

길을 잃거나 곁길로 들었을 때
말씀으로 그 길을 찾기 원합니다.
오늘도 말씀 안에 거하며
주님과 친밀히 사귀게 하옵소서.

My Prayer

그의 계명을 지키는 자는 주 안에 거하고 주는 그의 안에 거하시나니

_요일 3:24상

/ 보상과 인정을 받기 위해
수고하는 것이 아니라
단지 기쁨이 넘쳐서
일할 수 있기를 소망합니다.

오직 마음에 숨은 사람을 온유하고 안정한 심령
의 썩지 아니할 것으로 하라 이는 하나님 앞에
값진 것이니라 _벧전 3:4

22

예수님의 사랑을 받은 저이지만
타인을 용서하기가 힘듭니다.
용서할 수 없는 그 사람이 아니라
하나님을 바라보게 하옵소서.

My Prayer

너희가 각각 마음으로부터 형제를 용서하지 아니하면 나의 하늘 아
버지께서도 너희에게 이와 같이 하시리라 _마 18:35

/ 내가 받은 은혜가
너무 값지고 아름답습니다.
모든 장애물을 다 덮어 버릴 만큼
그 은혜가 차고 넘치게 하옵소서.

그러나 내가 나 된 것은 하나님의 은혜로 된 것
이니 _고전 15:10상

23

상처에 사로잡힌 인생이 아니라
사랑에 사로잡힌 인생이 되어
먼저 부모님을 용납하고
사랑의 손길을 내밀게 하옵소서.

My Prayer

너는 네 하나님 여호와께서 명령한 대로 네 부모를 공경하라 그리하
면 네 하나님 여호와가 네게 준 땅에서 네 생명이 길고 복을 누리리라

_신 5:16

낙심의 바다에 빠져
익사할 것 같은 시간 속에서
죽어가는 저를 건지시고
새로운 힘과 은혜를 부어 주옵소서.

너희가 알 것은 죄인을 미혹된 길에서 돌아서게
하는 자가 그의 영혼을 사망에서 구원할 것이며
허다한 죄를 덮을 것임이라 _약 5:20

24

태산 같은 빚을 탕감받아
자유를 얻게 하시니 감사합니다.
제가 받을 손톱만 한 빚을
완전히 청산하게 하시고
참된 이웃 사랑을 하게 하옵소서.

My Prayer

내가 천국 열쇠를 네게 주리니 네가 땅에서 무엇이든지 매면 하늘에
서도 매일 것이요 네가 땅에서 무엇이든지 풀면 하늘에서도 풀리리
라 하시고_마 16:19

제자도의 본질은
자기 성취가 아닌 자기 부인입니다.
험하고 가파른 길이지만
온전히 나의 힘을 빼게 하옵소서.

또 무리에게 이르시되 아무든지 나를 따라오려
거든 자기를 부인하고 날마다 제 십자가를 지고
나를 따를 것이니라 _눅 9:23

25

예수님이 저에게 하셨듯이
나를 힘들게 한 그 사람을
용서하고 또 용서하며
품어 주기 원합니다.
넉넉한 사랑의 길을 가게 하옵소서.

My Prayer

모든 것이 하나님께로서 났으며 그가 그리스도로 말미암아 우리를
자기와 화목하게 하시고 또 우리에게 화목하게 하는 직분을 주셨으
니 _고후 5:18

인내로 견딜 때
겨울 끝에 새순이 돋아나고
고난 끝에 새 꿈이 자랄 것입니다.
고난을 이기는 믿음을 주옵소서.

인내를 온전히 이루라 이는 너희로 온전하고 구
비하여 조금도 부족함이 없게 하려 함이라
_약 1:4

26

나처럼 살지 않는 사람들을
판단하고 비판하는 자리에서
내려오게 하옵소서.
내 죄를 낱낱이 고백하고
참 자유를 누리기 원합니다.

My Prayer

그러므로 남을 판단하는 사람아, 누구를 막론하고 네가 핑계하지 못
할 것은 남을 판단하는 것으로 네가 너를 정죄함이니 판단하는 네가
같은 일을 행함이니라 _롬 2:1

/ 놀라운 구원의 사건에
감사와 찬양을 올려 드립니다.
말씀을 더 읽고
순종으로 말씀을 살게 하옵소서.

그가 우리를 흑암의 권세에서 건져내사 그의 사
랑의 아들의 나라로 옮기셨으니 그 아들 안에서
우리가 속량 곧 죄 사함을 얻었도다 _골 1:13-14

27

예수님의 십자가 사건으로
나의 죄가 속량되었습니다.
주변에 화해의 강물이 흐르고
용서의 바람이 불게 하옵소서.

My Prayer

무엇보다도 뜨겁게 서로 사랑할지니 사랑은 허다한 죄를 덮느니라

_벧전 4:8

메마른 들판과 같이 황량한 내 삶에
늘 감사의 눈물이 흐르게 하옵소서.
구원의 본질을 분명히 앎으로
모든 것이 새로워지기 원합니다.

주의 구원의 즐거움을 내게 회복시켜 주시고 자
원하는 심령을 주사 나를 붙드소서 _시 51:12

28

가장 가까이 있는 지체를
먼저 용서하고 사랑하기 원합니다.
나의 땅끝, 일상의 자리에서
승리하게 하옵소서.

My Prayer

예수께서 그들의 생각을 아시고 이르시되 스스로 분쟁하는 나라마다
황폐하여지며 스스로 분쟁하는 집은 무너지느니라 _ 눅 11:17

12

December

29

끊임없이 할 일을 계획하고
바쁘게 살아야 한다는 강박증에서
벗어나게 하옵소서.
믿음으로 잘 쉬기를 원합니다.

My Prayer

안식일을 기억하여 거룩하게 지키라 _출 20:8

◇◇◇◇◇◇◇◇◇◇◇◇◇◇◇

구원을 받고 새 생명을 얻었습니다.
머리로, 입술로 하는 감사가 아닌
영혼의 감사, 전심의 감사가
고백되게 하옵소서.

그의 백성을 인도하여 광야를 통과
하게 하신 이에게 감사하라 그 인자
하심이 영원함이로다_시 136:16

My Prayer

30

내 욕심과 정욕을 따라
분주하게 살지 않기를 원합니다.
시간을 흘려보내는 것이 아니라
시간을 건져 올리는 삶을 살도록
인도하여 주옵소서.

My Prayer

세월을 아끼라 때가 악하니라 _엡 5:16

◇◇◇◇◇◇◇◇◇◇◇◇◇

감사는 조건이 아니라
태도임을 깨닫습니다.
받은 것을 가두지 않고 흘려보내는
감사의 유통자가 되게 하옵소서.

하나님께서 지으신 모든 것이 선하
매 감사함으로 받으면 버릴 것이 없
나니 하나님의 말씀과 기도로 거룩
하여짐이라 _딤전 4:4-5

My Prayer

31

말씀이 호흡이 되고
묵상이 양식이 되어
하나님의 시선과 마음을 좇아가고
사랑을 추구하며 살게 하옵소서.

My Prayer

형제를 사랑하여 서로 우애하고 존경하기를 서로 먼저 하며 부지런
하여 게으르지 말고 열심을 품고 주를 섬기라 _롬 12:10-11

지금은 다 이해하지 못해도
미리 감사하고 순간순간 감사하며
감사로 보이지 않는 사랑을 소유한
믿음의 사람이 되게 하옵소서.

범사에 감사하라 이것이 그리스도
예수 안에서 너희를 향하신 하나님
의 뜻이니라 _살전 5:18

My Prayer

2

February

◇◇◇◇◇◇◇◇◇◇◇◇◇

감사하는 마음이 흘러넘치는 것에
늘 감사하게 하옵소서.
생명을 거두어 가시는 그 순간까지
감사가 평생의 습관이 되게 하옵소서.

감사로 제사를 드리는 자가 나를 영
화롭게 하나니 그의 행위를 옳게 하
는 자에게 내가 하나님의 구원을 보
이리라 _시 50:23

My Prayer

목적지까지 가기 위해
차에 기름을 채워야 하듯이
오늘의 말씀 묵상이
하루를 완주하게 하는
넉넉한 기름이 되게 하옵소서.

사람이 사는 땅에 이르기까지 이스
라엘 자손이 사십 년 동안 만나를
먹었으니 곧 가나안 땅 접경에 이르
기까지 그들이 만나를 먹었더라

_출 16:35

My Prayer

◇◇◇◇◇◇◇◇◇◇◇◇◇

어느 것 하나 당연한 것이 없습니다.
영의 눈을 떠서
모든 당연해 보이는 일상이
온통 감사의 순간임을 깨닫기 원합니다.

감사함으로 그의 문에 들어가며 찬
송함으로 그의 궁정에 들어가서 그
에게 감사하며 그의 이름을 송축할
지어다 _시 100:4

My Prayer

사람들의 칭찬과 환호를 받기 위해
세상의 열망을 좇던 것을 멈추고
내 영혼이 새롭게 되어
하나님 나라를 갈망하기 원합니다.

너희는 헛된 것들에게로 향하지 말
며 너희를 위하여 신상들을 부어 만
들지 말라 나는 너희의 하나님 여호
와이니라 _레 19:4

My Prayer

◇◇◇◇◇◇◇◇◇◇◇◇

작은 먼지와도 같은 존재인 나를 향해
하나님이 확대경을 들이대셨습니다.
내 인생을 써 내려가시는 하나님 안에서
가치 있는 인생을 살게 하옵소서.

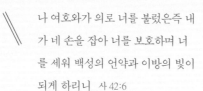

나 여호와가 의로 너를 불렀은즉 내
가 네 손을 잡아 너를 보호하며 너
를 세워 백성의 언약과 이방의 빛이
되게 하리니 _사 42:6

My Prayer

무리가 열광하며 따르고 칭송할 때
오히려 십자가의 길을
굳건히 걷게 하옵소서.
오늘도 나를 부인하기 원합니다.

내가 진실로 진실로 너희에게 이르
노니 한 알의 밀이 땅에 떨어져 죽
지 아니하면 한 알 그대로 있고 죽
으면 많은 열매를 맺느니라

_요 12:24

My Prayer

아직 눈에 보이는 결과가 없어도
보지 않고 믿는 '믿음'을 주옵소서.
그 믿음이 하나님과 닿는
유일한 길임을 믿습니다.

예수께서 이르시되 너는 나를 본 고
로 믿느냐 보지 못하고 믿는 자들은
복되도다 하시니라 _요 20:29

My Prayer

나만의 유익과 만족이 아니라
이웃을 위해 일하기 원합니다.
그렇게 일하는 일상 가운데서
날마다 영성이 자라게 하옵소서.

주께 합당하게 행하여 범사에 기쁘
시게 하고 모든 선한 일에 열매를
맺게 하시며 하나님을 아는 것에 자
라게 하시고 _골 1:10

My Prayer

성령님이 내 마음의 문을 두드리실 때
문틈으로라도 내다보기를 원합니다.
고집스럽게 살던 삶이 무너지고
새 생명이 자라나게 하옵소서.

바람이 임의로 불매 네가 그 소리는
들어도 어디서 와서 어디로 가는지
알지 못하나니 성령으로 난 사람도
다 그러하니라 _요 3:8

My Prayer

아무리 성난 파도도
고래를 삼킬 수 없고
아무리 거친 바람도
독수리를 떨어뜨릴 수 없습니다.
하나님의 관점으로
고난을 바라보게 하옵소서.

우리에게 여러 가지 심한 고난을 보
이신 주께서 우리를 다시 살리시며
땅 깊은 곳에서 다시 이끌어 올리시
리이다 _시 71:20

My Prayer

저는 예수님과 함께 단번에 죽었다가
예수님과 함께 단번에 살아났습니다.
예수님으로부터 시작된 새 생명으로
주와 함께 목적지에 이르기를 원합니다.

그가 죽으심은 죄에 대하여 단번에
죽으심이요 그가 살아 계심은 하나
님께 대하여 살아 계심이니 _롬 6:10

My Prayer

나의 열심이 무너지고
절망과 낙심이 들어선 자리에
하나님의 열심이
채워지기를 기도합니다.

내가 하나님의 열심으로 너희를 위
하여 열심을 내노니 _고후 11:2상

My Prayer

◇◇◇◇◇◇◇◇◇◇◇◇◇◇

비록 똑같은 잘못을 저질렀을지라도
속히 돌이키기 원합니다.
죄와 주님 사이에서 방황하지 않고
주님을 점점 더 사랑하게 하옵소서.

대저 의인은 일곱 번 넘어질지라도
다시 일어나려니와 _잠 24:16상

My Prayer

내일이 두려워
걱정하고 염려하는 것이 아니라
하나님의 섭리를 믿고
앞으로 나아가는
성숙한 어른이 되게 하옵소서.

여호와의 말씀이니라 너희를 향한
나의 생각을 내가 아나니 평안이요
재앙이 아니니라 너희에게 미래와
희망을 주는 것이니라 _렘 29:11

My Prayer

하나님이 어떤 결정을 내리시건
그것을 수용하기 원합니다.
고난을 이상히 여기지 않게 하시고
담담히 이길 힘을 주옵소서.

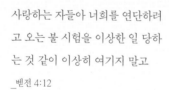

사랑하는 자들아 너희를 연단하려
고 오는 불 시험을 이상한 일 당하
는 것 같이 이상히 여기지 말고

_벧전 4:12

My Prayer

내 눈에는 보이지 않고
내 생각으로는 이해가 안 되지만
하나님은 약속하신 것을
능히 이루실 줄 믿습니다.
이 믿음을 붙들게 하옵소서.

그가 백세나 되어 자기 몸이 죽은 것
같고 사라의 태가 죽은 것 같음을 알
고도 믿음이 약하여지지 아니하고…
약속하신 그것을 또한 능히 이루실
줄을 확신하였으니 _롬 4:19, 21

My Prayer

◇◇◇◇◇◇◇◇◇◇◇◇

주님이 함께하시지 않는 하루하루는
백전백패의 나날입니다.
날마다 공급하시는 말씀으로
백전백승의 삶을 살게 하옵소서.

볼지어다 내가 문밖에 서서 두드리
노니 누구든지 내 음성을 듣고 문을
열면 내가 그에게로 들어가 그와 더
불어 먹고 그는 나와 더불어 먹으리
라 _계 3:20

My Prayer

'어떻게'보다 '왜'를 먼저 생각하고
본질을 분별하는 능력을 주옵소서.
무엇보다 말씀에 귀를 기울이고
주님의 지혜에 의지하게 하옵소서.

그런즉 너희가 어떻게 행할지를 자
세히 주의하여 지혜 없는 자같이 하
지 말고 오직 지혜 있는 자같이 하
여 _엡 5:15

My Prayer

◇◇◇◇◇◇◇◇◇◇◇◇◇

위를 향한 상향 의지를 버리고
끝없이 아래를 향한
하향의 걸음을 지향하기 원합니다.
썩어져 한 알의 밀알이 되게 하옵소서.

하나님의 사랑이 우리에게 이렇게
나타난 바 되었으니 하나님이 자기
의 독생자를 세상에 보내심은 그로
말미암아 우리를 살리려 하심이라

_요일 4:9

My Prayer

예측할 수 없는 내일의 삶에
짓눌리지 않는 믿음을 주옵소서.
하나님을 전적으로 신뢰하는
진정한 승리를 경험하기 원합니다.

무릇 하나님께로부터 난 자마다 세
상을 이기느니라 세상을 이기는 승
리는 이것이니 우리의 믿음이니라

_요일 5:4

My Prayer

가장 비효율적이고
가장 비생산적일지라도
세상의 가치와 구별되는
교회가 되기를 기도합니다.

형제들아 우리가 너희 가운데 들어
간 것이 헛되지 않은 줄을 너희가
친히 아나니 _살전 2:1

My Prayer

앞길이 보이지 않는 이때가
바로 은혜받을 만한 때요
구원받을 만한 때임을 알고
막막함이 아닌
넉넉함을 누리게 하옵소서.

범사에 기한이 있고 천하만사가 다
때가 있나니 _전 3:1

My Prayer

요란하게 소리를 내는
텅 빈 가짜가 아니라
나를 통해 세상에 예수님만 드러나는
진짜가 되기를 소망합니다.

그들의 파수꾼들의 날 곧 그들 가운
데에 형벌의 날이 임하였으니 이제
는 그들이 요란하리로다 _미 7:4하

My Prayer

일생 비교에 시달리고
불만과 비난에 끌려 다녔습니다.
하나님은 실수가 없으십니다.
내게 주신 모든 것을
감사로 받게 하옵소서.

돈을 사랑하지 말고 있는 바를 족한
줄로 알라 그가 친히 말씀하시기를
내가 결코 너희를 버리지 아니하고
너희를 떠나지 아니하리라 하셨느
니라 _히 13:5

My Prayer

◇◇◇◇◇◇◇◇◇◇◇◇◇

죄로 인해 생기를 잃고
생명력이 고갈되고 있습니다.
죄를 토설함으로 죄에서 돌이키고
생명수를 공급받게 하옵소서.

우슬초로 나를 정결하게 하소서 내
가 정하리이다 나의 죄를 씻어 주소
서 내가 눈보다 희리이다 _시 51:7

My Prayer

속사람보다 겉사람을 꾸미기 위해
시간과 물질을 쏟아 붓습니다.
사라질 것들에 목숨을 걸지 않고
영원한 것을 사모하게 하옵소서.

내 육체와 마음은 쇠약하나 하나님
은 내 마음의 반석이시요 영원한 분
깃이시라 _시 73:26

My Prayer

◇◇◇◇◇◇◇◇◇◇◇◇◇◇

지체들을 위해 기도하기 원합니다.
고난을 만났을 때 함께 기도하고
기쁜 일을 만나도 함께 찬양하는
공동체가 되게 하옵소서.

모든 기도와 간구를 하되 항상 성령
안에서 기도하고 이를 위하여 깨어
구하기를 항상 힘쓰며 여러 성도를
위하여 구하라 _엡 6:18

My Prayer

막힌 담과 같은 인간관계 속에서
나를 꼭 붙들어 주시고
주님이 공급하시는 은혜가
걱정과 염려를 압도하게 하옵소서.

나를 보내신 이가 나와 함께하시도
다 나는 항상 그가 기뻐하시는 일을
행하므로 나를 혼자 두지 아니하셨
느니라 _요 8:29

— My Prayer

◇◇◇◇◇◇◇◇◇◇◇◇◇

모두가 주인이 되고자 하는 세상에서
기쁜 마음으로 낮은 곳을 향하고
사랑이 흐르는 길을 따라
걸을 수 있게 도와주옵소서.

형제들아 너희가 자유를 위하여 부
르심을 입었으나 그러나 그 자유로
육체의 기회를 삼지 말고 오직 사랑
으로 서로 종노릇하라 _갈 5:13

My Prayer

돈 많고 힘 있는 사람 앞에서
왠지 주눅이 듭니다.
어떤 것에도 매이지 않는
주님이 주신 진정한 자유를
누리며 살게 하옵소서.

우리가 무슨 일이든지 우리에게서
난 것같이 스스로 만족할 것이 아니
니 우리의 만족은 오직 하나님으로
부터 나느니라 _고후 3:5

_ *My Prayer*

세상의 헛된 영광을 구하지 않고
제자들의 발을 씻기신 예수님을 따라
낮아지기를 소망하는 공동체가
되게 하옵소서.

만일 우리가 성령으로 살면 또한 성
령으로 행할지니 헛된 영광을 구하
여 서로 노엽게 하거나 서로 투기하
지 말지니라 _갈 5:25-26

My Prayer

바닥에 떨어진(落) 마음(心)을
믿음으로 끌어올리기 원합니다.
말씀이라는 치료제로
낙심의 바이러스를 치유하옵소서.

내 영혼아 네가 어찌하여 낙심하며
어찌하여 내 속에서 불안해하는가
너는 하나님께 소망을 두라 그가 나
타나 도우심으로 말미암아 내가 여
전히 찬송하리로다 _시 42:5

My Prayer

믿을 만한 하나님의 말씀은 안 믿고
못 믿을 사람의 말은 쉽게 믿습니다.
영으로 전해지는 하나님의 말씀을
전심으로 듣고 따르기 원합니다.

모든 성경은 하나님의 감동으로 된
것으로 교훈과 책망과 바르게 함과
의로 교육하기에 유익하니

_딤후 3:16

My Prayer

이제 육신의 일이 아니라
하나님의 일을 생각하기 원합니다.
생각을 이끄시는 성령님께 맡기며
생명과 평안을 얻게 하옵소서.

육신을 따르는 자는 육신의 일을,
영을 따르는 자는 영의 일을 생각하
나니 육신의 생각은 사망이요 영의
생각은 생명과 평안이니라 _롬 8:5-6

My Prayer

말씀을 듣는 귀를 주옵소서.
들은 말씀이 선명한 지도로 드러나
내 신앙 여정의 유일한 나침반이
되기를 소망합니다.

귀 있는 자는 성령이 교회들에게 하
시는 말씀을 들을지어다 _계 2:29

My Prayer

나 자신이 무가치하게 느껴져
마음이 괴롭습니다.
하나님, 저를 일으켜 세워 주시고
더 큰일을 위해 나를 부르신
주님을 믿게 하옵소서.

너희 안에서 행하시는 이는 하나님
이시니 자기의 기쁘신 뜻을 위하여
너희에게 소원을 두고 행하게 하시
나니 _빌 2:13

My Prayer

말씀을 가감하거나 곡해하지 않고
그 본질을 붙들게 하옵소서.
말씀으로 내가 놀랍도록 변하여
하나님을 드러내게 하옵소서.

너희가 나를 알았더라면 내 아버지
도 알았으리로다 이제부터는 너희
가 그를 알았고 또 보았느니라

_요 14:7

My Prayer

반복되는 후회로 마음을 갉아먹고
나의 삶과 열정을 소진하는 대신
후회의 악순환에서 벗어나
진정한 회개를 경험하기 원합니다.

내가 의인을 부르러 온 것이 아니요
죄인을 불러 회개시키러 왔노라

_눅 5:32

_ *My Prayer*

나의 벌거벗음이
말씀 앞에 고스란히 드러나고
말씀이 나를 흔들고 고치는 것을
경험하게 하옵소서.

하나님의 말씀은 살아 있고 활력이
있어 좌우에 날선 어떤 검보다도 예
리하여 혼과 영과 및 관절과 골수를
찔러 쪼개기까지 하며 또 마음의 생
각과 뜻을 판단하나니 _ 히 4:12

My Prayer

나의 어리석음을 아는 것이
최고의 지혜입니다.
회개가 가장 바른 길임을 믿고
십자가의 피 묻은 복음 앞에
철저히 무릎 꿇기 원합니다.

만일 우리가 우리 죄를 자백하면 그
는 미쁘시고 의로우사 우리 죄를 사
하시며 우리를 모든 불의에서 깨끗
하게 하실 것이요 _요일 1:9

My Prayer

◇◇◇◇◇◇◇◇◇◇◇◇◇◇

은혜의 기억이 희미해지고
사랑이 식어갑니다.
무수한 하나님의 도우심을 기억하며
말씀 앞에 온전히 서기를 기도합니다.

사무엘이 돌을 취하여 미스바와 센
사이에 세워 이르되 여호와께서 여
기까지 우리를 도우셨다 하고 그 이
름을 에벤에셀이라 하니라

_삼상 7:12

My Prayer

은밀히 즐기며 붙잡아 왔던
모든 우상이 드러나게 하옵소서.
내 안에 정직한 마음을
새롭게 창조해 주옵소서.

하나님이여 내 속에 정한 마음을 창
조하시고 내 안에 정직한 영을 새롭
게 하소서 _시 51:10

My Prayer

나는 언제나 틀렸지만
주님은 언제나 옳으십니다.
나의 아집과 편견을 무너뜨려 주시고
겸손하게 말씀 앞에 서게 하옵소서.

말씀을 멸시하는 자는 자기에게 패
망을 이루고 계명을 두려워하는 자
는 상을 받느니라 _잠 13:13

My Prayer

헤아릴 수 없는 중독들은
내가 날마다 선택한 결과입니다.
죄를 단호히 거절하고
허기진 영혼에
오직 주님만 충만히 거하시옵소서.

하나님께서 구하시는 제사는 상한
심령이라 하나님이여 상하고 통회
하는 마음을 주께서 멸시하지 아니
하시리이다 _시 51:17

My Prayer

◇◇◇◇◇◇◇◇◇◇◇◇◇◇◇

말씀을 좇아가는 그 길에서
하나님의 사랑을 발견하고
그 말씀이 나의 생각을 갈아엎으며
나의 성품을 변화시키기를 기도합니다.

베뢰아에 있는 사람들은 데살로니
가에 있는 사람들보다 더 너그러워
서 간절한 마음으로 말씀을 받고 이
것이 그러한가 하여 날마다 성경을
상고하므로 _행 17:11

My Prayer

주님을 주인으로 모신 성전을
세상과 구별하기 원합니다.
세상 기준과 가치관을 초월하고
우상을 말씀의 칼로 찍게 하옵소서.

그들에게 이르시되 기록된 바 내 집
은 기도하는 집이 되리라 하였거늘
너희는 강도의 소굴을 만들었도다
하시니라 _눅 19:46

My Prayer

예수님을 기쁘게 따르고 싶습니다.
구원받기 전의 생각과 습관,
나를 넘어뜨리려는 내면의 유혹들과
피 흘리기까지 싸우게 하옵소서.

너희가 죄와 싸우되 아직 피흘리기
까지는 대항하지 아니하고_히 12:4

My Prayer

절망, 질병, 죽음의 자리를 떨치고
하나님의 집으로 향하게 하옵소서.
영원을 향해 걸어가는
그 사람이 되기 원합니다.

예수께서 그들의 믿음을 보시고 중
풍병자에게 이르시되 작은 자야 네
죄 사함을 받았느니라 하시니

_막 2:5

My Prayer

◇◇◇◇◇◇◇◇◇◇◇◇◇◇◇

인내가 실종된 시대에
내 힘으로는 인내하기 어렵습니다.
하나님 아버지의 인내로
나의 십자가를 기꺼이 지게 하옵소서.

다만 이뿐 아니라 우리가 환난 중에
도 즐거워하나니 이는 환난은 인내
를, 인내는 연단을, 연단은 소망을
이루는 줄 앎이로다 _롬 5:3-4

My Prayer

제가 추구할 것은
더 많은 성취가 아니라
더 맑고 깨끗한 영혼이라는 것을
잊지 말게 하옵소서.

주를 향하여 이 소망을 가진 자마다
그의 깨끗하심과 같이 자기를 깨끗
하게 하느니라 _요일 3:3

— *My Prayer*

영적인 군살이 붙지 않고
죄가 몸에 기생하지 않기를 원합니다.
인내의 길에 참고 견디며
믿음의 경주를 멈추지 않게 하옵소서.

볼지어다 내가 세상 끝날까지 너희
와 항상 함께 있으리라 하시니라

_마 28:20하

My Prayer

외로운 삶에 포개질
아버지의 품이 넉넉합니다.
나의 황폐한 삶 가운데
하나님 아빠를 더 사랑하고
알아가는 기쁨을 누리게 하옵소서.

My Prayer

너희가 아들이므로 하나님이 그 아
들의 영을 우리 마음 가운데 보내사
아빠 아버지라 부르게 하셨느니라

_갈 4:6

믿는 자에게 핍박이 있겠으나
하나님이 그 끝을 책임져 주실 것입니다.
오직 위를 바라보며
담대함으로 이 고난을 이기게 하옵소서.

나는 항상 소망을 품고 주를 더욱더
욱 찬송하리이다 _시 71:14

My Prayer

이제 어린아이를 벗고
진짜 어른으로 성장하기 원합니다.
하나님 아버지의 깊고 넓은 사랑을
닮아 가게 하옵소서.

오직 우리 주 곧 구주 예수 그리스
도의 은혜와 그를 아는 지식에서 자
라 가라 영광이 이제와 영원한 날까
지 그에게 있을지어다 _벤후 3:18

My Prayer

11

November

내가 드리는 기도와 예배가
헛된 열심이 될까 두렵습니다.
내 기도의 출발이
하나님을 아는 갈망이게 하옵소서.

그러므로 우리가 여호와를 알자 힘
써 여호와를 알자 그의 나타나심은
새벽빛같이 어김없나니 비와 같이,
땅을 적시는 늦은 비와 같이 우리에
게 임하시리라 하니라 _호 6:3

My Prayer

위기는 곧 기회이며
승리의 발판입니다.
고난 가운데 일희일비하지 않고
감사함으로 기도하게 하옵소서.

여호와를 의지하는 자는 시온 산이
흔들리지 아니하고 영원히 있음 같
도다 _ 시 125:1

My Prayer

3

March

낙심은 짧은 계산, 우매한 계산이
빚어낸 결과입니다.
하나님의 때에 이루실 것을 믿고
믿음으로 견디게 하옵소서.

우리가 시작할 때에 확신한 것을 끝
까지 견고히 잡고 있으면 그리스도
와 함께 참여한 자가 되리라 _히 3:14

My Prayer

아무것도 기대할 것 없는 내 인생에
늦은 비로 임재하시는 주님을
간절히 사모하오니
풍성한 열매를 맺게 하옵소서.

하나님이여 사슴이 시냇물을 찾기
에 갈급함같이 내 영혼이 주를 찾기
에 갈급하니이다 _시 42:1

My Prayer

고난에 처할 때
인내를 배우게 하시니 감사합니다.
인내를 통해 연단하시고
끝내 소망 가운데로 인도하옵소서.

나는 비천에 처할 줄도 알고 풍부에
처할 줄도 알아 모든 일 곧 배부름
과 배고픔과 풍부와 궁핍에도 처할
줄 아는 일체의 비결을 배웠노라

_빌 4:12

My Prayer

◇◇◇◇◇◇◇◇◇◇◇◇◇◇◇◇

내게서 온 것이 하나도 없기에
하나님께 가져갈 수 있는 것은
오직 감사와 찬송과 예배입니다.
기쁘게 받아 주옵소서.

이는 그가 사랑하시는 자 안에서 우
리에게 거저 주시는 바 그의 은혜의
영광을 찬송하게 하려는 것이라

_엡 1:6

My Prayer

분노의 불길과 감정의 소용돌이를
믿음의 방패로 막아 주옵소서.
흔들리지 않는 믿음으로
위기 때마다 승리하기 원합니다.

모든 것 위에 믿음의 방패를 가지고
이로써 능히 악한 자의 모든 불화살
을 소멸하고_엡 6:16

My Prayer

◇◇◇◇◇◇◇◇◇◇◇◇◇◇

이 세상은 결국 침몰하는 배 안입니다.
밝고 안전한 주님의 품으로 부르시는
구원의 초청에
곧바로 응답하게 하옵소서.

너희가 전에는 백성이 아니더니 이
제는 하나님의 백성이요 전에는 긍
휼을 얻지 못하였더니 이제는 긍휼
을 얻은 자니라 _벧전 2:10

My Prayer

주께서 모든 상황을 주관하십니다.
하나님께 묻고 답을 얻으면서
걱정하고 염려하던 내 생각의 회로가
변화되게 하옵소서.

오늘 있다가 내일 아궁이에 던져지
는 들풀도 하나님이 이렇게 입히시
거든 하물며 너희일까 보냐 믿음이
작은 자들아 _마 6:30

My Prayer

주님 안에 거함으로 참 자유와 안식을
누리게 하옵소서.
하나님 안에서 비로소 만개하는
인생의 즐거움을 맛보기 원합니다.

진리를 알지니 진리가 너희를 자유
롭게 하리라 _요 8:32

My Prayer

영원하지 않은 것을 위해
예수님을 믿지 않게 하옵소서.
값진 진주이신
예수님을 소유하기 원합니다.

극히 값진 진주 하나를 만나매 가서
자기의 소유를 다 팔아 그 진주를
샀느니라 _마 13:46

_ *My Prayer*

하나님의 심판 아래 놓인 세상을
두려워하지 않게 하옵소서.
성령님의 인도하심을 따라
진리의 길로만 걷기를 원합니다.

그가 와서 죄에 대하여, 의에 대하여,
심판에 대하여 세상을 책망하시리라

_요 16:8

My Prayer

병들어도 배고파도 실패해도
평안한 믿음을 주시고
기도의 자리를
떠나지 않게 하옵소서.

향연이 성도의 기도와 함께 천사의
손으로부터 하나님 앞으로 올라가
는지라 _계 8:4

My Prayer

내 힘으로 가겠다고 운전대를 잡아
길을 헤매지 않기 원합니다.
세상과 다른 내비게이션 시스템으로
영원에 이르게 하옵소서.

보혜사 곧 아버지께서 내 이름으로
보내실 성령 그가 너희에게 모든 것
을 가르치고 내가 너희에게 말한 모
든 것을 생각나게 하리라 _요 14:26

My Prayer

사방이 막혔을 때는
전능자의 그늘로 달려가게 하시고
헤쳐 나갈 수 없는 풍랑이 일 때는
주님을 깨우게 하옵소서.

예수께서 이르시되 할 수 있거든이
무슨 말이냐 믿는 자에게는 능히 하
지 못할 일이 없느니라 하시니

_막 9:23

My Prayer

◇◇◇◇◇◇◇◇◇◇◇◇◇◇◇◇

날마다 나를 부인하고
내 안에 예수님의 사랑으로 가득하여
성령의 열매가 풍성히 맺히게 하옵소서.
세상에 선한 영향을 끼치기 원합니다.

오직 성령의 열매는 사랑과 희락과
화평과 오래 참음과 자비와 양선과
충성과 온유와 절제니 이 같은 것을
금지할 법이 없느니라 _갈 5:22-23

My Prayer

흘러간 물이
물레방아를 돌릴 수 없습니다.
오늘의 새 믿음으로
고난에 담대히 대처하게 하옵소서.

의인은 그의 믿음으로 말미암아 살
리라 _합 2:4하

My Prayer

영혼의 때를 벗기시고
나를 거룩한 삶으로 빚어 가시는
최고의 셰르파이신 성령님과
영원의 정상까지 동행하게 하옵소서.

하나님의 성령을 근심하게 하지 말
라 그 안에서 너희가 구원의 날까지
인치심을 받았느니라 _엡 4:30

My Prayer

나의 시련을
고통으로 지켜보시는 주님,
하나님과 함께 이 고난의 터널을
벗어나게 하옵소서.

주는 나의 도움이 되셨음이라 내가
주의 날개 그늘에서 즐겁게 부르리
이다 _시 63:7

My Prayer

◇◇◇◇◇◇◇◇◇◇◇◇◇◇◇

내 자존심이 중요해서
고집을 부리고 시기하며 분노합니다.
성령님이 도우시고 내주하셔서
내가 아닌 주님이 드러나게 하옵소서.

만일 우리가 성령으로 살면 또한 성
령으로 행할지니 _갈 5:25

My Prayer

은혜의 수원지에서 흘러나온 물을
믿음의 수도관으로 연결하고
회개라는 수도꼭지를 열어
마시기를 원합니다.

너희는 그 은혜에 의하여 믿음으로
말미암아 구원을 받았으니 이것은
너희에게서 난 것이 아니요 하나님
의 선물이라 _엡 2:8

My Prayer

하나님을 아빠라 부르는
신분을 주셔서 감사합니다.
주님의 자녀로서 마음껏 꿈을 펼치고
기쁨에 겨워 살게 하옵소서.

너희는 다시 무서워하는 종의 영을
받지 아니하고 양자의 영을 받았으
므로 우리가 아빠 아버지라고 부르
짖느니라 _롬 8:15

My Prayer

깨지고 넘어지고 무너져서
돌아옵니다.
부끄럽지만 주님,
저를 받아 주옵소서.

이에 일어나서 아버지께로 돌아가
니라 아직도 거리가 먼데 아버지가
그를 보고 측은히 여겨 달려가 목을
안고 입을 맞추니 _눅 15:20

My Prayer

◇◇◇◇◇◇◇◇◇◇◇◇◇◇◇

성령님의 인도에 따라
육신에 속하지 않고
영에 속한 사람이 되게 하옵소서.
거룩한 성전을 더럽히지 않도록
지켜 주옵소서.

너희도 성령 안에서 하나님이 거하
실 처소가 되기 위하여 그리스도 예
수 안에서 함께 지어져 가느니라

_엡 2:22

My Prayer

하나님 아빠를
전심으로 찾고 싶습니다.
하나님과 누리는 친밀함이
나를 숨 쉬게 하고
나의 영혼을 살리기 원합니다.

너는 기도할 때에 네 골방에 들어가
문을 닫고 은밀한 중에 계신 네 아
버지께 기도하라 은밀한 중에 보시
는 네 아버지께서 갚으시리라

_ 마 6:6

My Prayer

바쁘게 일하셨지만
평안을 잃지 않으신 예수님처럼
저도 평안의 구심력으로
분주함의 원심력을
잘 감당하도록 도와주옵소서.

주의 법을 사랑하는 자에게는 큰 평
안이 있으니 그들에게 장애물이 없
으리이다 _시 119:165

My Prayer

구원에 이르는 길은
오직 한 길밖에 없다 하십니다.
이 사실을 믿게 하시니 감사합니다.
십자가 은혜만 사모하게 하옵소서.

다른 이로써는 구원을 받을 수 없나
니 천하 사람 중에 구원을 받을 만
한 다른 이름을 우리에게 주신 일이
없음이라 하였더라 _행 4:12

My Prayer

내 속에 제어하기 힘든 화가 끓습니다.
화를 통해 나를 성찰하고
주님 발 아래에 엎드리기를 간구합니다.
분노의 죄를 다스리게 하옵소서.

네가 선을 행하면 어찌 낯을 들지
못하겠느냐 선을 행하지 아니하면
죄가 문에 엎드려 있느니라 죄가 너
를 원하나 너는 죄를 다스릴지니라

_창 4:7

My Prayer

옹이가 많은 목재일수록
자르고 깎고 대패로 밀어야 합니다.
하나님이 사건과 환경을 통해
저를 다듬으실 때
잠잠히 순종하게 하옵소서.

여호와의 말씀이니라 내 말이 불 같
지 아니하냐 바위를 쳐서 부스러뜨
리는 방망이 같지 아니하냐

_렘 23:29

— *My Prayer*

나는 악하고 추하며
치졸한 인간임을 인정하기 원합니다.
그것을 시인하는
겸허함을 허락하여 주옵소서.

이 백성들의 마음이 완악하여져서
그 귀는 듣기에 둔하고 눈은 감았으
니 이는 눈으로 보고 귀로 듣고 마
음으로 깨달아 돌이켜 내게 고침을
받을까 두려워함이라 하였느니라

_마 13:15

My Prayer

사랑하기에 주님의 뜻을 알게 되고
주님의 뜻을 알기에
주님을 더욱 사랑하게 하옵소서.
그 사랑이 주변에 흐르기 원합니다.

나를 사랑하는 자들이 나의 사랑을
입으며 나를 간절히 찾는 자가 나를
만날 것이니라 _잠 8:17

My Prayer

◇◇◇◇◇◇◇◇◇◇◇◇◇◇◇◇

내면에 쌓여 있는 분노가
하나님 앞에서 해결되기 원합니다.
내 생각을 거두고
하나님의 기준을 붙들게 하옵소서.

주의 구원의 즐거움을 내게 회복시
켜 주시고 자원하는 심령을 주사 나
를 붙드소서 _시 51:12

My Prayer

종지 같은 나의 그릇을 키워
세상이 감당할 수 없는
하나님 나라를 담는 그릇으로
성장시켜 주옵소서.

폐하시고 다윗을 왕으로 세우시고
증언하여 이르시되 내가 이새의 아
들 다윗을 만나니 내 마음에 맞는
사람이라 내 뜻을 다 이루리라 하시
더니 _행 13:22

My Prayer

내가 빠진 불행에 발목이 묶이지 않고
나를 위해 큰 그림을 그리시는
하나님의 손길을 주목하기 원합니다.
주님의 놀라운 계획을 보게 하옵소서.

하늘에 계시는 주여 내가 눈을 들어
주께 향하나이다 _시 123:1

My Prayer

내 안의 욕심으로 꿈틀거릴 때
성령님이 빛으로 임하시어
육신을 거스르고
주님의 뜻을 분별하게 하옵소서.

너희가 만일 성령의 인도하시는 바
가 되면 율법 아래에 있지 아니하리
라 _ 갈 5:18

My Prayer

문제가 생기면 해결에 집중하고
갈등이 생기면 너르게 품게 하옵소서.
부정적이며 천박한 감정들로
오늘을 낭비하지 않기를 기도합니다.

모든 사람과 더불어 화평함과 거룩
함을 따르라 이것이 없이는 아무도
주를 보지 못하리라_ 히 12:14

My Prayer

인생이 힘들고 외로울 때
문제의 답을 묻는 사람들에게
소망의 이유를 밝히 전하는
그리스도의 편지가 되기를
소망합니다.

너희는 우리로 말미암아 나타난 그
리스도의 편지니 _고후 3:3상

My Prayer

하나님을 사랑하기 때문에
과격한 분노가 온유한 분노가 되고
교만한 분노가 겸손한 분노로
변화되기를 기도합니다.

성전 안에서 소와 양과 비둘기 파는
사람들과 돈 바꾸는 사람들이 앉아
있는 것을 보시고… 내 아버지의 집
으로 장사하는 집을 만들지 말라 하
시니 _요 2:14, 16하

My Prayer

내가 아는 것이 없음을
내가 아는 것이 전부가 아님을
솔직히 인정하는 용기를 주시고
하나님의 지혜를 얻기 원합니다.

지혜는 그 얻은 자에게 생명 나무라
지혜를 가진 자는 복되도다 _잠 3:18

My Prayer

세상 즐거움에 빠지지 않게 하옵소서.
은혜로 구원과 인치심을 받았사오니
더 많이 갖겠다고 안간힘을 쓰는 삶에서
자유하기를 원합니다.

그 안에서 너희도 진리의 말씀 곧
너희의 구원의 복음을 듣고 그 안에
서 또한 믿어 약속의 성령으로 인치
심을 받았으니 _엡 1:13

My Prayer

항상 말씀 앞에 서서
내가 얼마나 과녁에서 빗나갔는지
확인하기를 원합니다.
이 지혜가 나를 살릴 줄 믿습니다.

지혜가 제일이니 지혜를 얻으라 네
가 얻은 모든 것을 가지고 명철을
얻을지니라 _잠 4:7

My Prayer

하나님이 얼마나 크신지를 묵상하며
폭풍 속에도 길을 열어 가실
여호와를 굳게 신뢰하기 원합니다.
담대한 믿음을 허락하여 주옵소서.

여호와께서는 너희를 자기 백성으
로 삼으신 것을 기뻐하셨으므로 여
호와께서는 그의 크신 이름을 위해
서라도 자기 백성을 버리지 아니하
실 것이요 _삼상 12:22

My Prayer

예수님과 연합함으로
욕심을 버리고 습관을 바꾸며
거짓된 성품을 무너뜨리기 원합니다.
새 인격을 창조하여 주옵소서.

이로써 그 보배롭고 지극히 큰 약속
을 우리에게 주사 이 약속으로 말미
암아 너희가 정욕 때문에 세상에서
썩어질 것을 피하여 신성한 성품에
참여하는 자가 되게 하려 하셨느니
라 _벧후 1:4

My Prayer

요새에 있어야 안전한 것이 아니라
하나님과 함께해야 평안할 수 있습니다.
영원한 피난처이신 하나님께
단단히 연결되게 하옵소서.

너희는 마음에 근심하지 말라 하나
님을 믿으니 또 나를 믿으라 _요 14:1

말은 존재의 집인지라
말이 쌓여서 나의 인격이 됩니다.
예수님의 선한 말씀만이
내 안에 가득하게 하옵소서.

너희는 들을지어다 내가 가장 선한
것을 말하리라 내 입술을 열어 정직
을 내리라 _잠 8:6

My Prayer

바큇살이 쉴 새 없이 돌아가도
바퀴 중심은 고요한 것처럼
내 마음에도 그러한 고요함이 있기를
기도합니다.

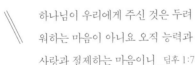

하나님이 우리에게 주신 것은 두려
워하는 마음이 아니요 오직 능력과
사랑과 절제하는 마음이니 _딤후 1:7

My Prayer

하나님께 더 가까이 나아가는 일에
끝이 없음을 시종 깨닫기 원합니다.
좌로나 우로나 치우치지 않는
거룩의 삶을 이루게 하옵소서.

여호와를 경외하는 것이 지식의 근
본이거늘 미련한 자는 지혜와 훈계
를 멸시하느니라 _잠 1:7

My Prayer

◇◇◇◇◇◇◇◇◇◇◇◇◇◇

내 아버지가 모든 것을 가지셨습니다.
손해 보고 실패하고 잃을 것을
염려하지 않게 하옵소서.
자녀로서 값진 것을 누리기 원합니다.

내 아버지께서 모든 것을 내게 주셨
으니 아버지 외에는 아들이 누구인
지 아는 자가 없고 아들과 또 아들
의 소원대로 계시를 받는 자 외에는
아버지가 누구인지 아는 자가 없나
이다 하시고 _눅 10:22

My Prayer

유능하고 성공해서
복된 것이 아니라
하나님 나라에 속한 시민 그 자체가
복된 삶임을 깨닫기 원합니다.

_ *My Prayer*

여호와께서 요셉과 함께하시므로
그가 형통한 자가 되어 그의 주인
애굽 사람의 집에 있으니 _창 39:2

내가 도드라지고
내 이름이 빛나는 삶에서 돌이켜
문밖에서 두드리시는 하나님을
내 삶의 왕으로 모셔 들이게 하옵소서.

볼지어다 내가 문밖에 서서 두드리
노니 누구든지 내 음성을 듣고 문을
열면 내가 그에게로 들어가 그와 더
불어 먹고 그는 나와 더불어 먹으리
라 _계 3:20

My Prayer

복 있는 사람이 되었기에
말씀을 지킵니다.
이것이 무거운 짐이 아니라
날아갈 듯한 기쁨이 되게 하옵소서.

복 있는 사람은 악인들의 꾀를 따르
지 아니하며 죄인들의 길에 서지 아
니하며 오만한 자들의 자리에 앉지
아니하고 오직 여호와의 율법을 즐
거워하여 그의 율법을 주야로 묵상
하는도다 _시 1:1-2

My Prayer

하나님을 전적으로 신뢰하는
맡김의 은혜를 주시기 원합니다.
크리스천의 성실함과 초연함을
보이게 하옵소서.

수고하고 무거운 짐 진 자들아 다
내게로 오라 내가 너희를 쉬게 하리
라 _ 마 11:28

My Prayer

죄악이 만연한 세상을 피해
몸을 숨기는 것이 아니라
전능자의 날개 아래 살며
세상을 이기게 하옵소서.

하나님께 가까이함이 내게 복이라
내가 주 여호와를 나의 피난처로 삼
아 주의 모든 행적을 전파하리이다
_시 73:28

My Prayer

실수가 전공이고
연약함이 특징인 사람에게
온전한 사랑을 바라지 않기 원합니다.
주님의 든든하고 굳센 뿌리 사랑 안에서
늘 평안하게 하옵소서.

유월절 전에 예수께서 자기가 세상
을 떠나 아버지께로 돌아가실 때가
이른 줄 아시고 세상에 있는 자기
사람들을 사랑하시되 끝까지 사랑
하시니라 _요 13:1

My Prayer

내 안의 더 잘살고 싶고
더 잘나가고, 더 높아지고 싶은
바알 신앙을 버리게 하시고
참된 신앙으로 다시 세워 주옵소서.

이스라엘 자손이 여호와의 목전에
악을 행하여 바알들을 섬기며
_삿 2:11

My Prayer

◇◇◇◇◇◇◇◇◇◇◇◇◇◇◇

내가 옳다는 교만을 버리고
내가 틀릴 수도 있다는
낮은 마음을 주옵소서.
진실로 포용하고 용서하기 원합니다.

비판하지 말라 그리하면 너희가 비
판을 받지 않을 것이요 정죄하지 말
라 그리하면 너희가 정죄를 받지 않
을 것이요 용서하라 그리하면 너희
가 용서를 받을 것이요 _눅 6:37

My Prayer

불쏘시개로 던져질 인생이 아니라
예수님이 공급하시는 생명수로
주님의 성품을 열매로 맺는
풍성한 인생이 되기를 간구합니다.

강 좌우 가에는 각종 먹을 과실나무
가 자라서 그 잎이 시들지 아니하며
열매가 끊이지 아니하고 달마다 새
열매를 맺으리니 _겔 47:12상

My Prayer

◇◇◇◇◇◇◇◇◇◇◇◇◇◇◇

나를 힘들게 하는 그 사람을 통해
내가 변화되는 은혜를 주옵소서.
내 안에 켜켜이 쌓인 허물을
말씀 안에서 살피게 하옵소서.

 주의 종은 마땅히 다투지 아니하고
모든 사람에 대하여 온유하며 가르
치기를 잘하며 참으며_딤후 2:24

My Prayer

축복받는 줄에 서는 대신
하나님의 권위로
축복하는 줄에 서기를 원합니다.
세상 끝날까지 동행하여 주옵소서.

야곱이 바로에게 축복하고 그 앞에
서 나오니라 _창 47:10

My Prayer

◇◇◇◇◇◇◇◇◇◇◇◇

나에게 상처를 주고 수치를 안긴 사람과
더불어 다투지 않게 하옵소서.
대신 그를 위해 기도하기를 원합니다.

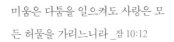

미움은 다툼을 일으켜도 사랑은 모
든 허물을 가리느니라 _잠 10:12

My Prayer

풍요로운 삶이 아니라
하나님의 뜻 안에 있는 것이
참 복과 형통임을
뼛속 깊이 깨닫게 하옵소서.

그런즉 너희는 이 언약의 말씀을 지
켜 행하라 그리하면 너희가 하는 모
든 일이 형통하리라 _신 29:9

My Prayer

◇◇◇◇◇◇◇◇◇◇◇◇◇◇◇◇

상처를 준 원수를 위해
기도하고 사랑하는 것이 버겁지만
그 한 사람을 위해 기도하다가
내가 변하는 은혜를 주옵소서.

또 네 이웃을 사랑하고 네 원수를
미워하라 하였다는 것을 너희가 들
었으나 나는 너희에게 이르노니 너
희 원수를 사랑하며 너희를 박해하
는 자를 위하여 기도하라 _ 마 5:43-44

My Prayer

—————————— ◇◇◇◇ ——————————

10

◇◇◇◇

October

◇◇◇◇◇◇◇◇◇◇◇◇◇◇◇◇

더 소중한 것을 붙듦으로
덜 소중한 것을 내려놓기 원합니다.
나의 견고한 자아가 깨어지고
어떤 시험에도 넘어지지 않게 하옵소서.

이는 그리스도께서 내 안에서
말씀하시는 증거를 너희가 구함
이니 그는 너희에게 대하여 약
하지 않고 도리어 너희 안에서
강하시니라 _고후 13:3

30

끝없이 탐욕스러운 나와 싸워
이기기를 원합니다.
완악한 내가 죽고
주의 말씀이 살게 될 줄 믿습니다.

My Prayer

우리 주 예수 그리스도로 말미암아 우리에게 승리를 주시는 하나님
께 감사하노니 _고전 15:57

4

April

29

당연히 주장할 수 있는 내 권리를
내려놓습니다.
나보다 남을 더 낮게 여기는
참사랑을 하게 하옵소서.

My Prayer

아무 일에든지 다툼이나 허영으로 하지 말고 오직 겸손한 마음으로
각각 자기보다 남을 낮게 여기고 _빌 2:3

상처에서 나오는 독한 감정들을
다스려 주옵소서.
내게 상처 준 그 사람을 용서함으로
자유함을 누리기 원합니다.

서로 친절하게 하며 불쌍히 여기며 서로 용서하기
를 하나님이 그리스도 안에서 너희를 용서하심과
같이 하라_엡 4:32

28

세상과 완전히 다른 가치관으로
살기 원합니다.
나의 중심과 동기부터 변화되고
우선순위가 뒤집어지게 하옵소서.

My Prayer

보소서 주께서는 중심이 진실함을 원하시오니 내게 지혜를 은밀히
가르치시리이다 _ 시 51:6

불쑥불쑥 튀어나오는 이 모난 돌을
깨뜨려 다듬어 주옵소서.
주 앞에 엎드리는 기도의 자리가
내가 변화되는 자리가 되게 하옵소서.

내 영혼이 내 속에서 피곤할 때에 내가 여호와를
생각하였더니 내 기도가 주께 이르렀사오며 주의
성전에 미쳤나이다 _욘 2:7

27

영적 세계의 빈익빈 부익부 원리를
깨닫기 원합니다.
오늘 더 섬기고 더 사랑하여
더 자유로워지는 인생이
되게 하옵소서.

My Prayer

있는 자는 받을 것이요 없는 자는 그 있는 것까지도 빼앗기리라

_막 4:25

거친 풍랑 같은 사건 앞에서
나의 영혼이 흔들립니다.
고난에 휩쓸리는 작은 믿음이 아니라
이 상황을 통과할 큰 믿음을 주옵소서.

고난당한 것이 내게 유익이라 이로 말미암아 내가
주의 율례들을 배우게 되었나이다 _시 119:71

26

세상에서 환난을 만나지만
두려워하지 않기를 원합니다.
빛이 어둠을 몰아내듯이
믿음으로 세상을 이기게 하옵소서.

My Prayer

우리가 알거니와 하나님을 사랑하는 자 곧 그 뜻대로 부르심을 입은
자들에게는 모든 것이 합력하여 선을 이루느니라 _롬 8:28

고난을 피하고 싶은 연약함을
불쌍히 여겨 주옵소서.
고통의 문제를 통해 체질이 바뀌고
내 성품까지 바뀌는 은혜를 주옵소서.

우리가 그와 함께 영광을 받기 위하여 고난도 함
께 받아야 할 것이니라 _롬 8:17하

25

교회가 따가운 비판을 받는 이때
거룩함과 경건의 능력을 갖춘
참 그리스도인이 되기 원합니다.
성령의 바람을 일으켜 주옵소서.

My Prayer

망령되고 허탄한 신화를 버리고 경건에 이르도록 네 자신을 연단하라

_딤전 4:7

고난으로 인생의 축을 바로 세우는
영광의 시간을 경험하게 하옵소서.
모든 것을 가르쳐 주는 고난의 수업을
값진 선물로 받기 원합니다.

생각하건대 현재의 고난은 장차 우리에게 나타날
영광과 비교할 수 없도다 _롬 8:18

24

내 안에 하나님 나라가 임하여
내가 하나님 노릇 하겠다는 욕망을
가지치기하기 원합니다.
가장 먼저 나부터 바뀌게 하옵소서.

My Prayer

나라가 임하시오며 뜻이 하늘에서 이루어진 것같이 땅에서도 이루어
지이다 _마 6:10

너무 견디기 힘든 고통이지만
좁은 길을 피하지 않겠습니다.
오직 사랑으로 이 길을 걸어가도록
제 손을 꼭 잡아 주옵소서.

너는 장차 받을 고난을 두려워하지 말라

_계 2:10상

23

하나님만이 채울 수 있는
내 안의 그 공간으로 오시옵소서.
하나님께 사로잡힘으로
주님만 따르기 원합니다.

My Prayer

이르시되 내가 은혜 베풀 때에 너에게 듣고 구원의 날에 너를 도왔다
하셨으니 보라 지금은 은혜받을 만한 때요 보라 지금은 구원의 날이
로다 _고후 6:2

유혹과 시험과 고난을 이기는
그 한 사람이 되기를 원합니다.
예수님이 이끄시고 승리할
고난의 길을 잘 통과하게 하옵소서.

이기는 자는 내 하나님 성전에 기둥이 되게 하리니
그가 결코 다시 나가지 아니하리라 _계 3:12상

22

안식이 회복이고 쉼이 치유인 것을
경험하게 하옵소서.
하나님 품에 안겨
참된 쉼을 누리기 원합니다.

My Prayer

그가 영원히 하나님 앞에서 거주하리니 인자와 진리를 예비하사 그
를 보호하소서 _시 61:7

사탄이 우는 사자처럼 삼키겠다고
쉴 새 없이 달려들어도
예수님만 의지하고 나아가겠습니다.
저의 믿음을 견고하게 세워 주옵소서.

우리가 잠시 받는 환난의 경한 것이 지극히 크고
영원한 영광의 중한 것을 우리에게 이루게 함이니

_고후 4:17

21

소망도 미래도 없는 동굴 속이라도
빛이신 예수님이 임하시면
소망이 싹트리라 믿습니다.
기이한 빛으로 인도해 주옵소서.

My Prayer

예수께서 또 말씀하여 이르시되 나는 세상의 빛이니 나를 따르는 자
는 어둠에 다니지 아니하고 생명의 빛을 얻으리라 _요 8:12

창조와 십자가와 부활이
제 삶에 새겨지게 하옵소서.
세상의 그 어떤 것보다
믿음을 선물로 주시길 간구합니다.

예수께서 이르시되 나는 부활이요 생명이니 나를
믿는 자는 죽어도 살겠고 _요 11:25

20

사방이 막힌 것 같은 나날일수록
구원의 손길이 가까이 있음을
깨닫게 하옵소서.
회복이 일어나기를 소원합니다.

My Prayer

구원은 여호와께 있사오니 주의 복을 주의 백성에게 내리소서 _시 3:8

하나님 앞에 설 때까지 믿음을 지키며
소망 가운데 인생을 살기 원합니다.
그 믿음으로 오래 참고
복음을 전하는 삶을 살게 하옵소서.

나는 선한 싸움을 싸우고 나의 달려갈 길을 마치
고 믿음을 지켰으니 _딤후 4:7

19

상황이 힘들고 사람에게 실망해도
다시 일어나기 원합니다.
날마다 눈을 들어
십자가를 바라보게 하옵소서.

My Prayer

그러므로 피곤한 손과 연약한 무릎을 일으켜 세우고 너희 발을 위하여 곧은 길을 만들어 저는 다리로 하여금 어그러지지 않고 고침을 받게 하라 _ 히 12:12-13

예수 그리스도라는 접속 아이디와
믿음이라는 패스워드로 접속되어
모든 것에 자유하고
모든 것에 만족하며 살게 하옵소서.

그러므로 아들이 너희를 자유롭게 하면 너희가 참
으로 자유로우리라 _요 8:36

18

나를 향한 질주에서 돌이켜
새로운 열심이 솟아나기 원합니다.
말씀에 대한 열심,
말씀대로 살려고 하는 열심을
주옵소서.

My Prayer

무릇 내가 사랑하는 자를 책망하여 징계하노니 그러므로 네가 열심
을 내라 회개하라 _계 3:19

예수 믿는 것이 복이며
탐심은 우상 숭배라 하셨습니다.
세상 것에 욕심부리지 않도록
늘 깨어 있기를 원합니다.

그러므로 땅에 있는 지체를 죽이라 곧 음란과 부
정과 사욕과 악한 정욕과 탐심이니 탐심은 우상
숭배니라 _골 3:5

17

인생이 헛헛합니다.
다른 것이 아니라 주님으로 인해
나의 목마름이 채워지기 원합니다.
오직 거듭남으로 채우게 하옵소서.

My Prayer

예수께서 대답하여 이르시되 진실로 진실로 네게 이르노니 사람이
거듭나지 아니하면 하나님의 나라를 볼 수 없느니라 _요 3:3

땅의 것을 부러워하거나
아쉬워하지 않게 하옵소서.
땅에 속한 오늘도
천국 본향을 향한 삶이 되게 하옵소서.

위의 것을 생각하고 땅의 것을 생각하지 말라

_골 3:2

16

자기를 주인 삼던 교만에서 돌이켜
하나님을 주인 삼는 겸비함을
배우게 하옵소서.
이 땅을 주께서 치리해 주옵소서.

My Prayer

이르되 주여 내가 주께 은총을 입었거든 원하건대 주는 우리와 동행
하옵소서 이는 목이 뻣뻣한 백성이니이다 우리의 악과 죄를 사하시
고 우리를 주의 기업으로 삼으소서 _출 34:9

세상에서 열심히 마일리지를 쌓아도
그것으로 천국에 갈 수는 없습니다.
아무런 조건 없이 선물로 받은 천국을
오늘 여기서 살아가게 하옵소서.

누구든지 목마르거든 내게로 와서 마시라 나를 믿
는 자는 성경에 이름과 같이 그 배에서 생수의 강
이 흘러나오리라 하시니 _요 7:37하-38

15

기도자의 눈물을 외면하지 마시고
기근 중에도 긍휼을 잊지 마옵소서.
하나님이 방패와 피난처가 되시어
우리가 평화를 누리기 원합니다.

My Prayer

여호와께서는 모든 것을 선대하시며 그 지으신 모든 것에 긍휼을 베
푸시는도다 _시 145:9

이 땅에서 육체의 사슬에 매여 있지만
주님의 부르심을 받는 날까지
날마다 내 마음을 확정하고
나는 주의 것임을 증언하기 원합니다.

이 일을 위하여 내가 쇠사슬에 매인 사신이 된 것
은 나로 이 일에 당연히 할 말을 담대히 하게 하려
하심이라 _엡 6: 20

14

'지성이면 감천'인 기도,
내 뜻을 관철하기 위한 기도를
멈추기 원합니다.
오직 예수님을 묵상함으로
바르게 구하게 하옵소서.

My Prayer

그러면 어떻게 할까 내가 영으로 기도하고 또 마음으로 기도하며

_고전 14:15상

편식을 하면 몸이 병들듯이
편견은 영혼을 병들게 합니다.
이해하고 용납하기로 결정함으로
여기서 천국을 만들어 가게 하옵소서.

누가 누구에게 불만이 있거든 서로 용납하여 피차
용서하되 주께서 너희를 용서하신 것같이 너희도
그리하고 _골 3:13

13

마땅히 구해야 할 것이 무엇인지
깨닫기 원합니다.
꼭 필요한 것이 무엇인지 분별하고
아버지의 뜻만 세워지게 하옵소서.

My Prayer

그러므로 그들을 본받지 말라 구하기 전에 너희에게 있어야 할 것을
하나님 너희 아버지께서 아시느니라 _ 마 6:8

시기와 질투, 경쟁심이
내 속을 갉아먹습니다.
독과 같은 이러한 감정을
다스려 주시고 제하여 주옵소서.

평온한 마음은 육신의 생명이나 시기는 뼈를 썩게
하느니라 _ 잠 14:30

12

바빠서 기도하고
습관을 좇아 기도하기 원합니다.
기도를 통해 쉼을 얻고
다시 일로 돌아갈 힘을
얻게 하옵소서.

My Prayer

새벽 아직도 밝기 전에 예수께서 일어나 나가 한적한 곳으로 가사 거
기서 기도하시더니 _막 1:35

갈등의 소용돌이에 빠지지 않고
피스메이커가 되기 원합니다.
곳곳마다 화평의 씨앗을 뿌리는 자로
살아가게 하옵소서.

그는 우리의 화평이신지라 둘로 하나를 만드사 원
수 된 것 곧 중간에 막힌 담을 자기 육체로 허시고
_엡 2:14

11

오직 나의 행복을 위해
구하지 않게 하시고
성령 안에서 기도의 내용이
변화되게 하옵소서.

My Prayer

모든 기도와 간구를 하되 항상 성령 안에서 기도하고 이를 위하여 깨
어 구하기를 항상 힘쓰며 여러 성도를 위하여 구하라 _엡 6:18

갈등이 없어서 '편안'한 사람이 아니라
어느 누구와도 선한 관계를 맺는
'평안'한 사람이 되기를 원합니다.
인격을 성숙시켜 주옵소서.

화평하게 하는 자는 복이 있나니 그들이 하나님의
아들이라 일컬음을 받을 것임이요 _마 5:9

10

말씀을 좇아 내 기도를 내려놓고
열방을 위해 기도하게 하옵소서.
우리의 필요를 풍성히 더하시리라
믿습니다.

My Prayer

그런즉 너희는 먼저 그의 나라와 그의 의를 구하라 그리하면 이 모든
것을 너희에게 더하시리라 _ 마 6:33

사랑함으로 사랑이 더 커지고
배려함으로 더 속 깊은 사람이
되기 원합니다.
내 속에 주님의 사랑을 부어 주옵소서.

사랑하는 자들아 우리가 서로 사랑하자 사랑은 하
나님께 속한 것이니 사랑하는 자마다 하나님으로
부터 나서 하나님을 알고 _요일 4:7

9

말씀의 빛을 비추어
어둡고 혼탁한 노예의 삶에서
탈출시켜 주옵소서.
주와 함께 왕 노릇 하게 하옵소서.

My Prayer

그 눈을 뜨게 하여 어둠에서 빛으로, 사탄의 권세에서 하나님께로 돌
아오게 하고 죄 사함과 나를 믿어 거룩하게 된 무리 가운데서 기업을
얻게 하리라 하더이다 _행 26:18

나를 평가하는 사람들의 시선이
질긴 밧줄처럼 느껴집니다.
이제 그 밧줄을 풀고
오로지 하나님만 주목하게 하옵소서.

사랑 안에 두려움이 없고 온전한 사랑이 두려움을
내쫓나니 _요일 4:18상

8

믿음의 뒷걸음질은
곧 죽음임을 깨닫기 원합니다.
세상의 소리가 귀를 울려도
예수님을 견고히 붙잡게 하옵소서.

My Prayer

우리가 시작할 때에 확신한 것을 끝까지 견고히 잡고 있으면 그리스
도와 함께 참여한 자가 되리라 _히 3:14

불평이 새어 나오는 입을 막고
오래 참으며 잘 견뎠으면 좋겠습니다.
악한 자들의 형통을 부러워하지 않고
이 시대를 잘 넘어가게 하옵소서.

여호와 앞에 잠잠하고 참고 기다리라 자기 길이
형통하며 악한 꾀를 이루는 자 때문에 불평하지
말지어다 _시 37:7

7

맹목적인 믿음이 아닌
오직 성경 말씀에 근거한
견고한 믿음을 갖기 원합니다.
생명과 자유를 얻게 하옵소서.

My Prayer

복음에는 하나님의 의가 나타나서 믿음으로 믿음에 이르게 하나니
기록된 바 오직 의인은 믿음으로 말미암아 살리라 함과 같으니라

_롬 1:17

일상에 함몰되어 삶을 소진하지 않고
제게 주어진 자리를
성실과 충성으로 지키게 하옵소서.
형통의 길로 인도하실 줄 믿습니다.

이는 여호와께서 요셉과 함께하심이라 여호와께
서 그를 범사에 형통하게 하셨더라 _창 39:23하

6

예수님이 친히 내 삶을 연주하시니
아름다운 곡조가 되고
감동적인 노래가 됩니다.
주님, 감사합니다.

My Prayer

주 안에서 항상 기뻐하라 내가 다시 말하노니 기뻐하라 _빌 4:4

"세상은 내 밥이다"라고 외칠 때
광야 훈련이 끝나는 줄 믿습니다.
하나님을 하나님으로 인정하고
성령님만 의지하게 하옵소서.

다만 여호와를 거역하지는 말라 또 그 땅 백성을
두려워하지 말라 그들은 우리의 먹이라 _민 14:9상

5

문이신 예수님을
친밀하게 출입하는 일상을 통해
날마다 살아나고 자라기 원합니다.
이것이 복인 것을 알게 하옵소서.

My Prayer

내가 문이니 누구든지 나로 말미암아 들어가면 구원을 받고 또는 들
어가며 나오며 꼴을 얻으리라 _요 10:9

온통 캄캄한 터널을
하염없이 걷는 것 같지만
인내할 수 있는 연료인 믿음으로
이 시간을 견디게 하옵소서.

보라 인내하는 자를 우리가 복되다 하나니 너희가
욥의 인내를 들었고 주께서 주신 결말을 보았거니
와 _약 5:11상

4

고만고만하게 사는 삶에서
전심으로 믿고
전심으로 순종하는 삶으로
변화되고 싶습니다.

My Prayer

내가 진실로 진실로 너희에게 이르노니 나를 믿는 자는 내가 하는 일
을 그도 할 것이요 또한 그보다 큰일도 하리니 이는 내가 아버지께로
감이라 _요 14:12

현실이 힘들어서 다 놓아 버리고
도망치지 않게 하옵소서.
아버지와 친밀하게 교제하며
넉넉히 감당하기 원합니다.

그러므로 네가 이후로는 종이 아니요 아들이니 아
들이면 하나님으로 말미암아 유업을 받을 자니라
_갈 4:7

3

내 안에 그리스도가
날마다 자라 가길 기도합니다.
예수님이 좋아하고 좇는 것을
저도 뒤따르기 원합니다.

My Prayer

온 몸이 머리로 말미암아 마디와 힘줄로 공급함을 받고 연합하여 하나님이 자라게 하시므로 자라느니라 _골 2:19하내 영혼의 방에 곰팡이가 피었습니다.
예수님의 밝은 빛으로 소독해 주시고
주님의 말씀으로 정결케 하옵소서.

사랑하는 자여 네 영혼이 잘됨 같이 네가 범사에
잘되고 강건하기를 내가 간구하노라 _요삼 1:2

2

주님은 저를 최상이고 최선이며
최고의 길로 인도하십니다.
주님의 품에서 생명수가 흘러나와
세상을 적시는 예배를
드리게 하옵소서.

My Prayer

오직 나는 주의 풍성한 사랑을 힘입어 주의 집에 들어가 주를 경외함
으로 성전을 향하여 예배하리이다 _시 5:7

힘에 부치는 오늘도
하나님의 손에 있음을 고백합니다.
주님의 선하심과 아름다움을 발견하고
감사하며 찬양하기 원합니다.

하나님이 모든 것을 지으시되 때를 따라 아름답게
하셨고 또 사람들에게는 영원을 사모하는 마음을
주셨느니라 _전 3:11상

1

저는 주님의 것이기에
내 마음대로 살지 않기를 원합니다.
하나님 앞에
항복 선언을 하게 하옵소서.

My Prayer

여호와여 주께서 죄악을 지켜보실진대 주여 누가 서리이까 그러나
사유하심이 주께 있음은 주를 경외하게 하심이니이다 _시 130:3-4

/ 후회뿐인 과거, 곤고하고 답답한 현재,
알 수 없는 미래까지도
오직 믿음으로 해석할 수 있기를
원합니다.

다윗이 그를 가리켜 이르되 내가 항상 내 앞에 계
신 주를 뵈었음이여 나로 요동하지 않게 하기 위
하여 그가 내 우편에 계시도다 _행 2:25

9

September

누군가를 돕고자 할 때
내 의와 자랑이 묻지 않게 하옵소서.
오직 하나님만 드러나도록
내 마음을 정결하게 하옵소서.

네 구제함을 은밀하게 하라 은밀한 중에 보
시는 너의 아버지께서 갚으시리라 _마 6:4

주님 안에서 내 뜻이 사라지고
주님의 뜻만 살아나게 하옵소서.
세상에서 쓰고 온 모든 왕관을
주님 발 앞에 내려놓기 원합니다.

우리 주 하나님이여 영광과 존귀와 권능을 받으
시는 것이 합당하오니 주께서 만물을 지으신지
라 만물이 주의 뜻대로 있었고 또 지으심을 받
았나이다 하더라 _계 4:11

5

◇◇◇◇◇

May

내가 누리는 모든 것은
하나님으로부터 비롯되었습니다.
모두 내 것이라는 의를 내려놓고
하나님을 인정하게 하옵소서.

사람마다 먹고 마시는 것과 수고함으로 낙을 누리는 그것이 하나님의 선물인 줄도 또한 알았도다 _전 3:13

1

환경이 어렵고 마음이 힘든 이웃에게
물질과 재능, 마음을 흩을 수 있고
마땅히 써야 할 때
인색하지 않게 하옵소서.

My Prayer

네 포도원의 열매를 다 따지 말며 네 포도원에 떨어진 열매도 줍지 말
고 가난한 사람과 거류민을 위하여 버려두라 나는 너희의 하나님 여
호와이니라 _레 19:10

모든 문제의 본질은
예배가 무너졌기 때문입니다.
예수님이라는 생수를 마심으로
삶의 문제가 해결되게 하옵소서.

하나님은 영이시니 예배하는 자가 영과 진리로
예배할지니라 _요 4:24

2

누군가에게 힘을 줄 수 있는
말씀의 사람이 되기를 원합니다.
남을 위로해 주다가
자기 위로가 필요 없어지는
바른 신앙이 되기를 기도합니다.

My Prayer

이 복음을 위하여 그의 능력이 역사하시는 대로 내게 주신 하나님의
은혜의 선물을 따라 내가 일꾼이 되었노라 _엡 3:7

마리아가 깨뜨린
향유 옥합 같은 예배처럼
다 주고도 모자라는 마음으로
기쁘게 예배드리게 하옵소서.

마리아는 지극히 비싼 향유 곧 순전한 나드 한
근을 가져다가 예수의 발에 붓고 자기 머리털로
그의 발을 닦으니 향유 냄새가 집에 가득하더라
_요 12:3

3

내가 겪은 아픔과 외로움이
남을 공감하는 재료가 되었습니다.
이제 하나님의 위로를 전하는
상처 입은 치유자가 되게 하옵소서.

My Prayer

우리의 모든 환난 중에서 우리를 위로하사 우리로 하여금 하나님께
받는 위로로써 모든 환난 중에 있는 자들을 능히 위로하게 하시는 이
시로다 _고후 1:4

저는 참으로 변하지 않습니다.
그런 저를 바꾸시고 치유해 주셔서
영과 진리로 예배를 드리는
은혜의 변혁을 허락해 주옵소서.

아버지께 참되게 예배하는 자들은 영과 진리로
예배할 때가 오나니 곧 이때라 아버지께서는 자
기에게 이렇게 예배하는 자들을 찾으시느니라
_요 4:23

4

울고 있는 사람에게 다가가
손을 잡아 주게 하옵소서.
함께 울고 위로하며
구원의 길로 인도하게 하옵소서.

My Prayer

즐거워하는 자들과 함께 즐거워하고 우는 자들과 함께 울라 _롬 12:15

들은 것에 그치지 않고
복음을 살아 내기 원합니다.
실패하더라도 하나님께 피하여
다시금 생명을 충전받게 하옵소서.

내가 나의 피난처로 속히 가서 폭풍과 광풍을
피하리라 하였도다 _시 55:8

5

———
———
———
———
———
———
———
———
———

고통받는 사람들을 사랑함으로
모든 것에서 자라 가기 원합니다.
사랑한다고 입술로 말한 것을
손발로 성실히 증명하게 하옵소서.

My Prayer

오직 사랑 안에서 참된 것을 하여 범사에 그에게까지 자랄지라 그는
머리니 곧 그리스도라 _엡 4:15

마일리지 쌓는 믿음 생활이 아니라
값없이 주는 인생이 되게 하옵소서.
거저 받은 은혜에
그저 감사하게 하옵소서.

내가 생명수 샘물을 목마른 자에게 값없이 주리
니 _계 21:6하

6

예수님을 사랑한다는 것은
사람을 사랑하는 것입니다.
고통 속에 있는 영혼을 찾아가
섬기고 돕기를 원합니다.

My Prayer

내가 주님을 사랑하는 줄을 주님께서 아시나이다 예수께서 이르시되
내 양을 먹이라 _요 21:17하

사랑이신 하나님 안에
내가 거하기 원합니다.
하나님 안에 거하는 사랑으로
성품의 공사가 완성되게 하옵소서.

하나님이 우리를 사랑하시는 사랑을 우리가 알
고 믿었노니 하나님은 사랑이시라 사랑 안에 거
하는 자는 하나님 안에 거하고 하나님도 그의
안에 거하시느니라 _요일 4:16

7

본질인 복음에 충성하되
비본질적인 것은 너그럽게 품는
건강한 교회가 많아지게 하옵소서.
나부터 본질로 돌아가기 원합니다.

My Prayer

내가 복음을 위하여 모든 것을 행함은 복음에 참여하고자 함이라

_고전 9:23

예수님만이 생명의 문이고
다른 문은 죽음의 문입니다.
구원과 상관없는 길에서 빠져나와
생명의 길로 가게 하옵소서.

생명으로 인도하는 문은 좁고 길이 협착하여 찾
는 자가 적음이라 _마 7:14

8

교회가 세상의 지혜와 방법 대신
하나님의 방식을 택하기 원합니다.
그럴 때 사람의 뜻이 꺾이고
교회다워질 것을 믿습니다.

My Prayer

내가 그리스도와 함께 십자가에 못 박혔나니 그런즉 이제는 내가 사는 것이 아니요 오직 내 안에 그리스도께서 사시는 것이라 _갈 2:20상

예수님의 성품이 맺히기 원합니다.
이전의 나는 죽고
주님만 사는 거듭남이
매일의 삶이 되게 하옵소서.

사랑하는 자들아 영을 다 믿지 말고 오직 영들
이 하나님께 속하였나 분별하라 많은 거짓 선지
자가 세상에 나왔음이라 _요일 4:1

9

교묘히 몸을 숨기고 있는 이단을
분별하도록 도와주옵소서.
교회인 내가 거룩한 성전이 되어
믿음 위에 굳건히 서기를 원합니다.

My Prayer

하나님의 성전과 우상이 어찌 일치가 되리오 우리는 살아 계신 하나
님의 성전이라 _고후 6:16상

세상 정욕을 좇느라
세상 수준으로 살고 있습니다.
십자가에서 나를 못 박고
예수님으로 살아나길 소망합니다.

그리스도 예수의 사람들은 육체와 함께 그 정욕
과 탐심을 십자가에 못 박았느니라 _갈 5:24

10

말씀과 기도, 예배를 통해
삶의 목적이 새로워지고
나 중심이 아닌 하나님 중심으로
삶의 축이 옮겨지기 원합니다.

My Prayer

하나님을 찬미하며 또 온 백성에게 칭송을 받으니 주께서 구원받는
사람을 날마다 더하게 하시니라 _행 2:47

모든 죄의 문제가
속죄 제물이 되신 예수님의 피로
단번에 해결되었습니다.
나의 완전한 구원을 찬양합니다.

이와 같이 그리스도도 많은 사람의 죄를 담당하
시려고 단번에 드리신 바 되셨고 _히 9:28상

11

이 땅의 교회와 그리스도인이
약하고 부족한 사람들을 위해
세상이 좇는 효율을 버리고
거룩한 허비를 하게 하옵소서.

My Prayer

내가 너희 영혼을 위하여 크게 기뻐하므로 재물을 사용하고 또 내 자
신까지도 내어 주리니 너희를 더욱 사랑할수록 나는 사랑을 덜 받겠
느냐 _고후 12:15

세상의 쾌락과 만족을 넘어선
한 단계 더 높은 사랑을 원합니다.
가장 큰 사랑, 예수를 만나는 길에
내가 표지판이 되어 주게 하옵소서.

의가 주의 앞에 앞서 가며 주의 길을 닦으리로
다 _시 85:13

12

사랑을 잃은 교회에서
갈급한 사람에게 답이 되고
지친 자에게 쉼이 되는 교회로
회복시켜 주옵소서.

My Prayer

나는 목마른 자에게 물을 주며 마른 땅에 시내가 흐르게 하며 나의 영을 네 자손에게, 나의 복을 네 후손에게 부어 주리니 _사 44:3

하나님은 그릇이 깨끗해진 뒤에야
필요를 채우시는 분입니다.
내 중심을 깨끗하게 해 주시고
하나님의 뜻을 구하게 하옵소서.

하나님이 참으로 이스라엘 중 마음이 정결한 자
에게 선을 행하시나 _시 73:1

13

세상의 생각과 방법이 아니라
오직 사랑으로 일하고 섬기며
목마른 자들에게 생수를 건네는
살아 있는 교회가 되게 하옵소서.

My Prayer

사데 교회의 사자에게 편지하라 하나님의 일곱 영과 일곱 별을 가지
신 이가 이르시되 내가 네 행위를 아노니 네가 살았다 하는 이름은 가
졌으나 죽은 자로다 _계 3:1

거룩보다 쾌락에 탐닉하는
삶의 방식을 버리게 하옵소서.
욕망이 요구하는 것을
거부할 수 있기 원합니다.

너희는 나에게 거룩할지어다 이는 나 여호와가
거룩하고 내가 또 너희를 나의 소유로 삼으려고
너희를 만민 중에서 구별하였음이니라 _레 20:26

14

모든 것을 용납하시는
크신 하나님 안에서
서로의 다양성이 공존하되
조화롭게 통일되게 하옵소서.

My Prayer

거룩하신 아버지여 내게 주신 아버지의 이름으로 그들을 보전하사
우리와 같이 그들도 하나가 되게 하옵소서 _요 17:11하

받을 것을 기대하는 사랑이 아니라
상대의 부족함을 채워 주는 사랑을
하게 하옵소서.
주님께 배우기를 소망합니다.

내가 기도하노라 너희 사랑을 지식과 모든 총명
으로 점점 더 풍성하게 하사 _빌 1:9

15

상대방의 허물은 덮을 뿐 아니라
완전히 잊어버리게 하시고
녹슬고 색이 바랜 부부 관계가
주 안에서 새로워지게 하옵소서.

My Prayer

노하기를 더디 하는 것이 사람의 슬기요 허물을 용서하는 것이 자기
의 영광이니라 _잠 19:11

이 세대의 탁류, 미디어의 홍수에
휩쓸려 가지 않기를 기도합니다.
불같은 성령의 능력으로
제어하고 승리하게 하옵소서.

청년이 무엇으로 그의 행실을 깨끗하게 하리이
까 주의 말씀만 지킬 따름이니이다 _ 시 119:9

16

역경을 만나도 힘든 사건을 겪어도
오직 서로 사랑하게 하옵소서.
배우자를 참고 기다리며
끝까지 사랑하기 원합니다.

My Prayer

너희도 길이 참고 마음을 굳건하게 하라 주의 강림이 가까우
니라 _약 5:8

사람은 믿고 의지할 대상이 아니라
다만 사랑할 대상임을 깨닫습니다.
성숙하고 건강한 사랑으로
한 걸음씩 하늘을 향하게 하옵소서.

또 주께서 우리가 너희를 사랑함과 같이 너희도
피차간과 모든 사람에 대한 사랑이 더욱 많아
넘치게 하사 _살전 3:12

17

내가 먼저 판단하지 않고
정죄하지 않으며
주 안에서 관점의 변화가 이뤄져
오직 사랑하게 하옵소서.

My Prayer

너희는 육체를 따라 판단하나 나는 아무도 판단하지 아니하노라

_요 8:15

육의 눈으로 침침해진 내 눈을
영의 눈으로 말갛게 씻어 주옵소서.
하나님 아버지의 관점으로
사람과 세상을 보게 하옵소서.

우리가 마음에 뿌림을 받아 악한 양심으로부터
벗어나고 몸은 맑은 물로 씻음을 받았으니 참
마음과 온전한 믿음으로 하나님께 나아가자

_히 10:22

18

겨우겨우 용서하는 것에서
사랑까지 나아가게 하옵소서.
미움의 악취가 아닌 용서의 향기가
풍겨 나기를 원합니다.

My Prayer

마음을 같이하여 같은 사랑을 가지고 뜻을 합하며 한마음을 품어
_빌 2:2

여전히 돈과 힘이 좋기만 하고
끝없는 탐욕과 교만이 있습니다.
하나님의 구원을 날마다 기억하며
믿음을 잘 지키게 하옵소서.

이 세상이나 세상에 있는 것들을 사랑하지 말라
누구든지 세상을 사랑하면 아버지의 사랑이 그
안에 있지 아니하니 _요일 2:15

19

많이 알고 깊이 아는 것을 넘어
진실로 사랑하게 하옵소서.
깊은 사랑을 경험하기 위해
인내하게 하옵소서.

My Prayer

이제 인내와 위로의 하나님이 너희로 그리스도 예수를 본받아 서로
뜻이 같게 하여 주사 _롬 15:5

이 땅의 것을 전부로 아는 이들에게
굿뉴스인 복음을 전하기 원합니다.
이를 위해 문명과 문화를 이용하는
지혜를 주옵소서.

보라 내가 너희를 보냄이 양을 이리 가운데로
보냄과 같도다 그러므로 너희는 뱀같이 지혜롭
고 비둘기같이 순결하라 _마 10:16

20

불만과 불평이 차고 넘치는 시대에
허락하신 환경에 감사할 수 있다면
그 자체가 능력이 될 줄 믿습니다.
어떤 위기가 와도 이기게 하옵소서.

My Prayer

여호와께 감사하고 그의 이름을 불러 아뢰며 그가 하는 일을 만민 중
에 알게 할지어다 _시 105:1

남에게 퍼주기 위해
열심히 일하고 공부하기 원합니다.
조건 없이, 더 크게 퍼주는 자로
살아가게 하옵소서.

구제를 좋아하는 자는 풍족하여질 것이요 남을
윤택하게 하는 자는 자기도 윤택하여지리라
_잠 11:25

21

소중한 가족과 마음을 나누는 복을
허락해 주옵소서.
서로 바라볼 수 있는 것만으로도
한없이 감사하게 하옵소서.

My Prayer

네 집 안방에 있는 네 아내는 결실한 포도나무 같으며 네 식탁에 둘러
앉은 자식들은 어린 감람나무 같으리로다 _시 128:3

믿지 않는 사람들에게
성숙함을 보여 주기 원합니다.
많이 알고 경험하는 성숙이 아닌
십자가의 성숙을 이루게 하옵소서.

이 모든 일에 전심전력하여 너의 성숙함을 모든
사람에게 나타나게 하라 _딤전 4:15

22

___
___
___
___
___
___
___
___
___

사랑하기 때문에
오늘도 져 주기 원합니다.
나를 포기하는 참 사랑으로
가정을 작은 천국으로
만들어가게 하옵소서.

My Prayer

사랑은 오래 참고 사랑은 온유하며 시기하지 아니하며 사랑은 자랑
하지 아니하며 교만하지 아니하며 _고전 13:4

육신의 정욕을 버리기 원합니다.
내 열심으로 싸우지 말게 하시고
주님의 뜻을 바르게 전하기 위해
싸우게 하옵소서.

너희 몸을 하나님이 기뻐하시는 거룩한 산 제물
로 드리라 이는 너희가 드릴 영적 예배니라
_롬 12:1하

23

자녀 삶의 시작과 끝에
하나님이 계심을 고백합니다.
하나님께 내 자녀를 의탁하오니
양육하여 주옵소서.

My Prayer

너희 염려를 다 주께 맡기라 이는 그가 너희를 돌보심이라 _벧전 5:7

똑똑한 사람이 아니라
따뜻한 사람이 되기 원합니다.
살 만한 세상을 만드는
섬기는 사람이 되게 하옵소서.

너희 중에 큰 자는 너희를 섬기는 자가 되어야
하리라 _마 23:11

24

자녀가 인생의 바다를 치는 것을
두려워하지 않기를 원합니다.
하나님의 섭리를 굳게 믿고
기도로 돕는 부모가 되게 하옵소서.

My Prayer

내가 새벽 날개를 치며 바다 끝에 가서 거주할지라도 거기서도 주의
손이 나를 인도하시며 주의 오른손이 나를 붙드시리이다 _시 139:9-10

하나님을 만나러 가듯 출근하고
하나님을 섬기듯 겸손히 섬기며
하나님의 일을 하듯
성실히 해내게 하옵소서.

썩을 양식을 위하여 일하지 말고 영생하도록 있
는 양식을 위하여 하라 _요 6:27상

25

나의 굳고 악한 마음을 회개합니다.
막힌 담이 허물어지고
불통이 소통이 되어
새로운 관계가 시작되게 하옵소서.

My Prayer

내가 그들에게 한 마음을 주고 그 속에 새 영을 주며 그 몸에서 돌 같
은 마음을 제거하고 살처럼 부드러운 마음을 주어 _겔 11:19

영생은 먼 길이므로
천천히 가더라도
지체와 함께 가기를 원합니다.
건강한 공동체를 만나게 하옵소서.

한 사람이면 패하겠거니와 두 사람이면 맞설 수
있나니 세 겹 줄은 쉽게 끊어지지 아니하느니라
_전 4:12

26

연약하고 부족하더라도
하나님이 부르신 목적을 잊지 않고
주님의 구원 프로젝트에 쓰임받는
순전한 사람이 되게 하옵소서.

My Prayer

그러나 하나님께서 세상의 미련한 것들을 택하사 지혜 있는 자들을
부끄럽게 하려 하시고 세상의 약한 것들을 택하사 강한 것들을 부끄
럽게 하려 하시며 _고전 1:27

내가 드러나는 일을 내려놓고
오직 하나님만 의식하기 원합니다.
믿음 따로, 삶 따로인 저를
주님, 용서하여 주옵소서.

사람에게 보이려고 그들 앞에서 너희 의를 행하
지 않도록 주의하라 그리하지 아니하면 하늘에
계신 너희 아버지께 상을 받지 못하느니라

_마 6:1

MAY

27

하나님의 뜻을 나의 비전으로
품게 하옵소서.
내가 비전을 이루는 것이 아니라
비전이 나를 이루어 가기 원합니다.

My Prayer

그 후에 내가 내 영을 만민에게 부어 주리니 너희 자녀들이 장래 일을
말할 것이며 너희 늙은이는 꿈을 꾸며 너희 젊은이는 이상을 볼 것이
며 _욜 2:28

나를 버려 남을 얻는
참된 리더십을 갖게 하옵소서.
잃은 것 같아도
결국은 얻게 하실 것을 믿습니다.

인자가 온 것은 섬김을 받으려 함이 아니라 도
리어 섬기려 하고 자기 목숨을 많은 사람의 대
속물로 주려 함이니라 _마 20:28

28

자녀를 내 뜻대로 굴복시키려 했던
나의 완악함을 회개합니다.
생명의 주인이신 하나님께 맡기며
진정한 관계의 회복을 간구합니다.

My Prayer

항상 경외하는 자는 복되거니와 마음을 완악하게 하는 자는 재앙에
빠지리라 _잠 28:14

리더십의 본질은 섬김입니다.
말이 아닌 행동으로
채움이 아닌 비움으로
실천할 수 있기를 원합니다.

내가 주와 또는 선생이 되어 너희 발을 씻었으
니 너희도 서로 발을 씻어 주는 것이 옳으니라

_요 13:14

29

내가 병들어서 아이들도 아픕니다.
내가 먼저 하나님 앞에 엎드리고
마음을 찢는 회개로
하나님께 돌아가게 하옵소서.

맡은 자들에게 주장하는 자세를 하지 말고 양 무리의 본이 되라

_벧전 5:3

어렵고 힘든 짐을
자처해서 지게 하옵소서.
지적하는 대신 함께 책임을 지되
그 상은 상대에게 돌리기 원합니다.

오늘까지 날이 오래도록 너희가 너희 형제를 떠
나지 아니하고 오직 너희의 하나님 여호와께서
명령하신 그 책임을 지키도다 _수 22:3

30

사랑하기 때문에 기다려 주고
믿기 때문에 인내하기 원합니다.
그렇게 사랑의 맷집이 단단한
성숙한 사람이 되게 하옵소서.

My Prayer

사람이 여호와의 구원을 바라고 잠잠히 기다림이 좋도다 _애 3:26

8

August

31

상대방 입장에서 사랑을 줄 때
결코 실패하지 않을 줄 믿습니다.
그것이 주님의 사랑법이라는 것을
깨닫기 원합니다.

My Prayer

우리가 사랑함은 그가 먼저 우리를 사랑하셨음이라 _요일 4:19

◇◇◇◇◇◇◇◇◇◇◇◇◇

자기를 비워 종이 된 예수님처럼
나 자신을 온전히 거름으로 묻어
겸손의 꽃을 피울 수 있도록
주님의 마음을 부어 주옵소서.

그는 근본 하나님의 본체시나 하나
님과 동등됨을 취할 것으로 여기지
아니하시고 오히려 자기를 비워 종
의 형체를 가지사 사람들과 같이 되
셨고 _빌 2:6-7

My Prayer

6

June

◇◇◇◇◇◇◇◇◇◇◇◇◇◇

온 마음 다해 주를 사랑하게 하옵소서.
죽을힘을 다한 뒤에도
처음부터 끝까지, 오직 겸손함으로
쓰임받는 자가 되도록 도와주옵소서.

젊은 자들아 이와 같이 장로들에게
순종하고 다 서로 겸손으로 허리를
동이라 하나님은 교만한 자를 대적
하시되 겸손한 자들에게는 은혜를
주시느니라 _벧전 5:5

My Prayer

포기하지 않는 사랑,
희생으로 사랑하신 주님으로 인해
언제나 새 생명이 솟아나고
다른 사람을 섬기기 원합니다.

우리가 선을 행하되 낙심하지 말지
니 포기하지 아니하면 때가 이르매
거두리라 _갈 6:9

— *My Prayer*

◇◇◇◇◇◇◇◇◇◇◇

하나님을 사랑하는 것이
일이 아니라 나의 삶이 되기 원합니다.
환난을 겪더라도 인내하며
예수님을 증거하게 하옵소서.

나 요한은 너희 형제요 예수의 환난
과 나라와 참음에 동참하는 자라 하
나님의 말씀과 예수를 증언하였음
으로 말미암아 밧모라 하는 섬에 있
었더니 _계 1:9

My Prayer

지금은 보이지도 들리지도 않고
생각조차 할 수 없는 것들이지만
하나님이 일하고 계심을 기대하며
기도하게 하옵소서.

기록된 바 하나님이 자기를 사랑하
는 자들을 위하여 예비하신 모든 것
은 눈으로 보지 못하고 귀로 듣지
못하고 사람의 마음으로 생각하지
도 못하였다 함과 같으니라

_고전 2:9

— *My Prayer*

◇◇◇◇◇◇◇◇◇◇◇◇◇

말씀이신 성령님을 깊이 만나
증인으로 살도록 나를 빚어 주옵소서.
내 생각과 내 경험을 말하지 않고
예수님의 사랑을 증언하게 하옵소서.

믿음의 선한 싸움을 싸우라 영생을
취하라 이를 위하여 네가 부르심을
받았고 많은 증인 앞에서 선한 증언
을 하였도다 _딤전 6:12

My Prayer

사람은 실수하는 것이 정상이고
사랑은 실수를 용서하는 것입니다.
실수를 끝없이 용서하며
주님의 성품을 배워 가게 하옵소서.

예수께서 이르시되 네게 이르노니
일곱 번뿐 아니라 일곱 번을 일흔
번까지라도 할지니라 _마 18:22

— *My Prayer*

생명을 살리는 일은
내 능력으로 하는 것이 아니라
믿음으로 하는 것임을 깨닫습니다.
믿음에 욕심내게 하옵소서.

너는 말씀을 전파하라 때를 얻든지
못 얻든지 항상 힘쓰라 범사에 오래
참음과 가르침으로 경책하며 경계
하며 권하라 _딤후 4:2

My Prayer

세상에 구원보다 큰일이 없고
영원한 생명보다 값진 것이 없음을
우리 자녀들이 깨닫고
하나님과 소통하며 살게 하옵소서.

내 말을 듣고 또 나 보내신 이를 믿
는 자는 영생을 얻었고 심판에 이르
지 아니하나니 사망에서 생명으로
옮겼느니라 _요 5:24하

— *My Prayer*

◇◇◇◇◇◇◇◇◇◇◇◇◇

저는 하나님 나라의 대사이고
이 땅은 나의 사역지입니다.
주의 사랑하는 영혼들을 만나
하나님 나라를 전파하게 하옵소서.

예수께서 또 이르시되 너희에게 평
강이 있을지어다 아버지께서 나를
보내신 것같이 나도 너희를 보내노
라 _요 20:21

My Prayer

무슨 일이든지 먼저 감사함으로
남다른 기초 자산을 갖게 하옵소서.
어둠과 혼돈이 가득한 세상에서
믿음의 유산을 물려주기 원합니다.

내가 대회 중에서 주께 감사하며 많
은 백성 중에서 주를 찬송하리이다

_시 35:18

— *My Prayer*

◇◇◇◇◇◇◇◇◇◇

세상은 복음을 달가워하지 않지만
저는 진리를 전하기 원합니다.
이 때문에 비난과 핍박이 있더라도
기쁘게 이 길을 달려가게 하옵소서.

너희는 세상에 속한 자가 아니요 도
리어 내가 너희를 세상에서 택하였
기 때문에 세상이 너희를 미워하느
니라 _요 15:19하

My Prayer

무엇을 구해야 할지 알지 못하는
어리석고 연약한 사람입니다.
오직 믿음과 성령 충만을 위해
성령님, 친히 간구해 주옵소서.

이와 같이 성령도 우리의 연약함을
도우시나니 우리는 마땅히 기도할
바를 알지 못하나 오직 성령이 말할
수 없는 탄식으로 우리를 위하여 친
히 간구하시느니라 _롬 8:26

— *My Prayer*

◇◇◇◇◇◇◇◇◇◇◇◇◇◇

추수할 때가 된 들녘으로 나가
주님의 동역자로 일하게 하옵소서.
동역의 기쁨, 기도 응답의 기쁨을
맛보기 원합니다.

나는 너희에게 이르노니 너희 눈을
들어 밭을 보라 희어져 추수하게 되
었도다 _요 4:35하

My Prayer

해야 할 일들이 산더미인 것 같지만
그 모든 것에 앞서
먼저 기도하게 하옵소서.
간절한 기도로 살아나기 원합니다.

그러므로 내가 첫째로 권하노니 모
든 사람을 위하여 간구와 기도와 도
고와 감사를 하되 _딤전 2:1

— *My Prayer*

◇◇◇◇◇◇◇◇◇◇◇

예수님의 관심사가
나의 관심사가 되기 원합니다.
어둠 속에서 고통받고 있는 사람들을
빛의 자리로 초청하게 하옵소서.

때가 아직 낮이매 나를 보내신 이의
일을 우리가 하여야 하리라 밤이 오
리니 그때는 아무도 일할 수 없느니
라 _요 9:4

My Prayer

떼쓰는 기도를 멈추고
저에게 특별히 주시는 언약의 말씀,
레마를 붙들고 기도하기 원합니다.
말씀대로 살게 될 줄 믿습니다.

우리 가운데서 역사하시는 능력대
로 우리가 구하거나 생각하는 모든
것에 더 넘치도록 능히 하실 이에게
_엡 3:20

— *My Prayer*

◇◇◇◇◇◇◇◇◇◇◇◇◇

주님의 백성으로 새롭게 빚어지는
훈련을 잘 받아
독수리처럼 비상하는
믿음의 사람이 되게 하옵소서.

좋은 것으로 네 소원을 만족하게 하
사 네 청춘을 독수리 같이 새롭게
하시는도다 _시 103:5

My Prayer

부모와 자녀가 같이 성경을 읽고
씨줄과 날줄로 엮인 지혜의 그물을
발견하기 원합니다.
때를 따라 돕는 은혜를 주옵소서.

그는 시냇가에 심은 나무가 철을 따
라 열매를 맺으며 그 잎사귀가 마
르지 아니함 같으니 그가 하는 모든
일이 다 형통하리로다 _시 1:3

— *My Prayer*

삶의 현장은 피할 수 없는 전쟁터임을
분명히 알기 원합니다.
사방에서 불화살이 날아드는 전장에서
결의를 가지고 일어서게 하옵소서.

그러므로 하나님의 전신갑주를 취
하라 이는 악한 날에 너희가 능히
대적하고 모든 일을 행한 후에 서기
위함이라 _엡 6:13

My Prayer

악하고 음란한 세대에서
죄된 모든 욕망을 버리기 원합니다.
늘 하나님께 플러그인하여
영원히 사는 길을 걷게 하옵소서.

무릇 하나님의 영으로 인도함을 받
는 사람은 곧 하나님의 아들이라

_롬 8:14

— *My Prayer*

◇◇◇◇◇◇◇◇◇◇◇◇

주님이 제게 주신 달란트는
내게 꼭 맞은 것임을 깨닫기 원합니다.
나의 소명에 합당하게 살며
아버지의 즐거움에 참여하게 하옵소서.

그 주인이 이르되 잘하였도다 착하
고 충성된 종아 네가 적은 일에 충
성하였으매 내가 많은 것을 네게 맡
기리니 네 주인의 즐거움에 참여할
지어다 하고 _마 25:21

My Prayer

삶으로 보여 주는 신앙 전수에
목숨을 걸겠습니다.
우리 가정이
거룩의 토대가 되게 하옵소서.

너희는 헛된 것들에게로 향하지 말
며 너희를 위하여 신상들을 부어 만
들지 말라 나는 너희의 하나님 여호
와이니라 _레 19:4

— My Prayer

◇◇◇◇◇◇◇◇◇◇◇◇

나의 지휘관은 하나님이십니다.
내가 싸워야 할 적을 확실히 알고
말씀의 전신갑주를 입으며
주님과 함께 전쟁에 나가게 하옵소서.

끝으로 너희가 주 안에서와 그 힘의
능력으로 강건하여지고 마귀의 간
계를 능히 대적하기 위하여 하나님
의 전신갑주를 입으라 _엡 6:10-11

My Prayer

도무지 갚을 수 없는
십자가 사랑을 빚진 자입니다.
내 가족을 존재 자체로 사랑하고
아름다운 동행을 하게 하옵소서.

하나님이 우리를 사랑하사 우리 죄
를 속하기 위하여 화목 제물로 그
아들을 보내셨음이라 _요일 4:10하

— *My Prayer*

배부르고 등 따습다고
그새 주님을 잊었습니다.
매일 주님이 주시는 양식으로
생명을 회복하게 하옵소서.

네가 말하기를 나는 부자라 부요하
여 부족한 것이 없다 하나 네 곤고
한 것과 가련한 것과 가난한 것과
눈먼 것과 벌거벗은 것을 알지 못하
는도다 _계 3:17

My Prayer

가족은 주님의 특별한 선물입니다.
가족과 가정의 소중함을 깨달으며
예수님의 눈으로 바라봄으로
잘 지키게 하옵소서.

네 헛된 평생의 모든 날 곧 하나님
이 해 아래에서 네게 주신 모든 헛
된 날에 네가 사랑하는 아내와 함께
즐겁게 살지어다 _전 9:9상

— My Prayer

◇◇◇◇◇◇◇◇◇◇◇◇◇◇◇◇◇

말씀을 습관에 따라 읽을 뿐
내 삶의 길로 초대하지 않습니다.
믿음을 새롭게 하시고
영적 매너리즘에서 회복시켜 주옵소서.

말씀하시되 나를 따라오라 내가 너
희를 사람을 낚는 어부가 되게 하리
라 하시니 _마 4:19

My Prayer

일도 예배도 중요하지만
먼저 사람을 사랑하라고 하십니다.
지금 더 사랑하고
더 많이 용서하기를 결단합니다.

그런즉 믿음, 소망, 사랑, 이 세 가
지는 항상 있을 것인데 그 중의 제
일은 사랑이라 _고전 13:13

— *My Prayer*

◇◇◇◇◇◇◇◇◇◇◇◇

사람들과 더불어 살지만
세상을 닮지 않기로 결단합니다.
거룩한 복음을 붙든 구별된 자로서
어두운 세상에 불을 밝히게 하옵소서.

그러나 너를 책망할 것이 있나니 너
의 처음 사랑을 버렸느니라 _계 2:4

My Prayer

늘 목이 마르고 불안해서
가짜 사랑에 속습니다.
차고 넘치는 하나님의 진짜 사랑에
잠기게 하옵소서.

하나님의 뜻은 이것이니 너희의 거
룩함이라 곧 음란을 버리고

_살전 4:3

— *My Prayer*

인정받고 더 잘나가기 위해 사는
그리스도인이 아니라
더 수고하고 더 섬기는
그리스도인으로 살도록 도와주옵소서.

또 누구든지 너로 억지로 오 리를
가게 하거든 그 사람과 십리를 동행
하고 _ 마 5:41

My Prayer

'이 세상에 내 것은 없구나'를
깨닫기 원합니다.
오직 잘 섬기라고 주신 내 가족을
감사로 사랑하고
성실로 책임지게 하옵소서.

내가 주를 바라오니 성실과 정직으
로 나를 보호하소서 _시 25:21

— *My Prayer*

바른 목적을 가지고
수고하고 애쓰기 원합니다.
주님이 주신 비전 때문에
일하게 하옵소서.

오늘 네 하나님 여호와께서 이 규례
와 법도를 행하라고 네게 명령하시
나니 그런즉 너는 마음을 다하고 뜻
을 다하여 지켜 행하라 _신 26:16

My Prayer

성령님으로 인해 자기를 낮추고
복종하기를 기뻐하게 하옵소서.
미워하고 원망하고 비난하는 일을
멈추기 원합니다.

그리스도를 경외함으로 피차 복종
하라 _엡 5:21

— *My Prayer*

◇◇◇◇◇◇◇◇◇◇

일보다 사람이 중요합니다.
많은 일로 분주하게 살기보다
소중한 한 사람에게 집중하게 하옵소서.
사람을 잃지 않는 지혜를 주옵소서.

몇 가지만 하든지 혹은 한 가지만이
라도 족하니라 마리아는 이 좋은 편
을 택하였으니 빼앗기지 아니하리
라 하시니라 _눅 10:42

My Prayer

바다에 번진 적조를
태풍이 순식간에 걷어 가듯
내 영혼의 적조 같은
이 육체의 고난을
한순간에 걷어 내 주옵소서.

여호와여 구하오니 내가 진실과 전심으로 주 앞에 행하며 주께서 보시기에 선하게 행한 것을 기억하옵소서 하고 히스기야가 심히 통곡하더라 _왕하 20:3

— My Prayer

전투에서 이기고 전쟁에서 지는
어리석은 자가 되지 않기를 원합니다.
알곡 같은 인생을 살도록
저를 인도하옵소서.

영광의 왕이 누구시냐 강하고 능한
여호와시요 전쟁에 능한 여호와시
로다 _시 24:8

My Prayer

육체의 고통을 바라보지 않고
하나님과 시선이 맞닿기 원합니다.
이 아픔을 통해
나를 새롭게 빚어 가 주옵소서.

여호와를 찬송할 것은 극히 아름다
운 일을 하셨음이니 이를 온 땅에
알게 할지어다 _사 12:5

— My Prayer

◇◇◇◇◇◇◇◇◇◇◇◇◇

속도가 빠를수록 방향을 점검하고
높이 오를수록 목적을 살피며
깊이 내려갈수록
출구를 기억하게 하옵소서.

너는 범사에 그를 인정하라 그리하
면 네 길을 지도하시리라 _잠 3:6

My Prayer

육신의 아픔을 통해
내 자아의 끈이 끊어지고
바위같이 단단한 마음이
쪼개지고 갈리기를 기도합니다.

광야에서 반석을 쪼개시고 매우 깊
은 곳에서 나오는 물처럼 흡족하게
마시게 하셨으며 _시 78:15

— *My Prayer*

◇◇◇◇◇◇◇◇◇◇◇◇◇

버릴 것은 버리고 본질은 지키는
믿음을 주옵소서.
중요한 것과 중요하지 않은 것을
분별하게 하옵소서.

너의 행사를 여호와께 맡기라 그리
하면 네가 경영하는 것이 이루어지
리라 _잠 16:3

My Prayer

아무리 애써도 끊어지지 않는
모든 중독에서 건져 주옵소서.
주님이 주신 비전을 붙들고
미래로 나아가게 하옵소서.

오호라 너희 모든 목마른 자들아 물
로 나아오라 돈 없는 자도 오라 너
희는 와서 사 먹되 돈 없이, 값없이
와서 포도주와 젖을 사라 _사 55:1

— My Prayer

◇◇◇◇◇◇◇◇◇◇◇◇◇◇

하나님을 떠난 탁월함은
내 생명을 갉아먹을 수 있습니다.
일중독에 빠지지 않도록
인생의 우선순위를 바로잡아 주옵소서.

사람이 만일 온 천하를 얻고도 제
목숨을 잃으면 무엇이 유익하리요
사람이 무엇을 주고 제 목숨과 바꾸
겠느냐 _마 16:26

My Prayer

성령님을 따라 행할 때
무거운 욕망의 짐이 벗겨지고
욕심으로 허기진 영혼이
자족하게 될 것을 믿습니다.

육체의 소욕은 성령을 거스르고 성
령은 육체를 거스르나니 이 둘이 서
로 대적함으로 너희가 원하는 것을
하지 못하게 하려 함이니라 _갈 5:17

— *My Prayer*

내 신앙 여정의 시작과 끝이
한결같기를 기도합니다.
시작보다 더 아름다운 끝이 되도록
은혜를 주옵소서.

의인은 종려나무같이 번성하며 레
바논의 백향목같이 성장하리로
다… 그는 늙어도 여전히 결실하
며 진액이 풍족하고 빛이 청청하니

_시 92:12, 14

My Prayer

성령님이 참호가 되어 주셔서
사탄이 쏘는 정죄의 화살로부터
나를 보호하여 주옵소서.
전장에서도 안전할 줄 믿습니다.

그러므로 이제 그리스도 예수 안에
있는 자에게는 결코 정죄함이 없나
니 _롬 8:1

— *My Prayer*

가진 것 하나 없고
손에 쥔 것 하나 없어도
하나님으로 인해 기뻐하게 하옵소서.
믿음으로 모든 짐을 내려놓기 원합니다.

내 아버지 집에 거할 곳이 많도다
그렇지 않으면 너희에게 일렀으리
라 내가 너희를 위하여 거처를 예비
하러 가노니 _요 14:2

My Prayer

영생에 시선을 고정하게 하옵소서.
두려움과 절망 대신
소망을 품게 하시고
사람을 살리는 자로 살게 하옵소서.

이르시되 우리가 다른 가까운 마
을들로 가자 거기서도 전도하리니
내가 이를 위하여 왔노라 하시고
_막 1:38

— *My Prayer*

종일 나를 묵상하며
내가 한 일에 주목하지 않고
나를 이끄신 주님의 은혜에 감사하며
주님께 시선을 돌리기 원합니다.

그들은 종일 주의 이름 때문에 기뻐

하며 주의 공의로 말미암아 높아지

오니 _시 89:16

My Prayer

세상은 돈을 섬기지만
저는 하나님만 섬기기를 원합니다.
그리스도를 소유하여
영원히 목마르지 않게 하옵소서.

그들이 다시는 주리지도 아니하며
목마르지도 아니하고 해나 아무 뜨
거운 기운에 상하지도 아니하리니

_계 7:16

— *My Prayer*

내 육신은 늙어 가나
내면은 나날이 살아 생동하게 하옵소서.
죽었을 때 '예수 팔로워'라는 이름만
남기를 소망합니다.

그러므로 우리가 낙심하지 아니하
노니 우리의 겉사람은 낡아지나 우
리의 속사람은 날로 새로워지도다

_고후 4:16

My Prayer

하나님은 나의 보호자이십니다.
육신의 걱정거리에 매여
시간을 허비하지 않기를 기도합니다.
뿌리 깊은 불신을 버리게 하옵소서.

너희가 악한 자라도 좋은 것으로 자
식에게 줄 줄 알거든 하물며 하늘
에 계신 너희 아버지께서 구하는 자
에게 좋은 것으로 주시지 않겠느냐
_마 7:11

— *My Prayer*

◇◇◇◇◇◇◇◇◇◇◇◇

풀과 같은 인생을 위해
아등바등 살지 않기를 기도합니다.
사소하고 평범한 일상에서도
영원한 생명에 접속되기를 소망합니다.

이는 그가 우리의 체질을 아시며 우
리가 단지 먼지뿐임을 기억하심이로
다 인생은 그날이 풀과 같으며 그 영
화가 들의 꽃과 같도다 _시 103:14-15

My Prayer

엄마 품에 안긴 아기는
엄마가 주는 것을 받아먹습니다.
저도 하나님 품 안에서
걱정과 염려 없이 살게 하옵소서.

예수께서 그 어린아이들을 불러 가
까이하시고 이르시되 어린아이들이
내게 오는 것을 용납하고 금하지 말
라 하나님의 나라가 이런 자의 것이
니라 _눅 18:16

— *My Prayer*

나를 지으신 하나님과 독대하며
인생의 답을 찾기 원합니다.
영원까지 지키실 주님을 신뢰하며
오늘도 평안을 누리게 하옵소서.

하나님은 사람이 아니시니 거짓말
을 하지 않으시고 인생이 아니시니
후회가 없으시도다 어찌 그 말씀하
신 바를 행하지 않으시며 하신 말씀
을 실행하지 않으시랴 _민 23:19

My Prayer

돈을 벌고자 하는 소원이
하나님의 뜻 안에 있게 하시고
돈을 버는 목적이
하나님의 선한 일이 되게 하옵소서.

나를 가난하게도 마옵시고 부하게
도 마옵시고 오직 필요한 양식으로
나를 먹이시옵소서 _잠 30:8하

My Prayer

◇◇◇◇◇◇◇◇◇◇◇◇

세상의 무한경쟁 시스템에서 건지시고
나의 인생행로를 바꾸어 주옵소서.
하나님의 능력과 끝없는 사랑이
내 존재 전체를 덮게 하옵소서.

악한 자의 길과 패역을 말하는 자에
게서 건져 내리라 _잠 2:12

My Prayer

마음속에 돈 생각이 가득한데
입으로만 주를 찾지 않게 하시고
물질 만능 사회를 거슬러
일용할 양식에 만족하기 원합니다.

내가 궁핍하므로 말하는 것이 아니
니라 어떠한 형편에든지 나는 자족
하기를 배웠노니 _빌 4:11

— *My Prayer*

◇◇◇◇◇◇◇◇◇◇◇◇◇◇

주야로 돈을 묵상하는 대신
말씀을 묵상하기 원합니다.
하나님만 믿고 섬기는
단순하고 강력한 신앙을 주옵소서.

너희가 하나님과 재물을 겸하여 섬
기지 못하느니라 _마 6:24하

My Prayer

돈을 이 땅에 쌓아 두지 않고
흩어 버리기 원합니다.
돈이 나를 해치기 전에
돈으로 생명을 살리게 하옵소서.

오직 너희를 위하여 보물을 하늘에
쌓아 두라 거기는 좀이나 동록이 해
하지 못하며 도둑이 구멍을 뚫지도
못하고 도둑질도 못하느니라

_마 6:20

— *My Prayer*

7

July